中国社会科学院国情调研特大项目"精准扶贫精准脱贫百村调研"

精准扶贫精准脱贫百村调研丛书

CASE STUDIES OF TARGETED POVERTY REDUCTION AND
ALLEVIATION IN 100 VILLAGES

李培林／主编

精准扶贫精准脱贫
百村调研·蛛岭村卷

"三驾马车"引领脱贫

邹宇春 ／ 著

社会科学文献出版社
SOCIAL SCIENCES ACADEMIC PRESS (CHINA)

中国社会科学院国情调研特大项目
"精准扶贫精准脱贫百村调研"
项目协调办公室

主　任：王子豪

成　员：檀学文　刁鹏飞　闫　珺　田　甜　曲海燕

总　序

　　调查研究是党的优良传统和作风。在党中央领导下，中国社会科学院一贯秉持理论联系实际的学风，并具有开展国情调研的深厚传统。1988年，中国社会科学院与全国社会科学界一起开展了百县市经济社会调查，并被列为"七五"和"八五"国家哲学社会科学重点课题，出版了《中国国情丛书——百县市经济社会调查》。1998年，国情调研视野从中观走向微观，由国家社科基金批准百村经济社会调查"九五"重点项目，出版了《中国国情丛书——百村经济社会调查》。2006年，中国社会科学院全面启动国情调研工作，先后组织实施了1000余项国情调研项目，与地方合作设立院级国情调研基地12个、所级国情调研基地59个。国情调研很好地践行了理论联系实际、实践是检验真理的唯一标准的马克思主义认识论和学风，为发挥中国社会科学院思想库和智囊团作用做出了重要贡献。

　　党的十八大以来，在全面建成小康社会目标指引下，中央提出了到2020年实现我国现行标准下农村贫困人口脱贫、贫困县全部"摘帽"、解决区域性整体贫困的脱贫攻坚目标。中国的减贫成就举世瞩目，如此宏大的脱贫目标世所罕见。到 2020 年实现全面精准脱贫是党的十九大提出的三大攻坚战之一，是重大的社会目标和政治任务，中国的贫困地区在此期间也将发生翻天覆地的变化，而变化的过程注定不会一帆风顺或云淡风轻。记录这个伟大的过程，总结解决这个世界性难题的经验，为完成这个攻坚战献计献策，是社会科学工作者应有的责任担当。

2016 年，中国社会科学院根据中央做出的"打赢脱贫攻坚战"战略部署，决定设立"精准扶贫精准脱贫百村调研"国情调研特大项目，集中优势人力、物力，以精准扶贫为主题，集中两年时间，开展贫困村百村调研。"精准扶贫精准脱贫百村调研"是中国社会科学院国情调研重大工程，有统一的样本村选择标准和广泛的地域分布，有明确的调研目标和统一的调研进度安排。调研的 104 个样本村，西部、中部和东部地区的比例分别为 57%、27% 和 16%，对民族地区、边境地区、片区、深度贫困地区都有专门的考虑，有望对全国贫困村有基本的代表性，对当前中国农村贫困状况和减贫、发展状况有一个横断面式的全景展示。

在以习近平同志为核心的党中央坚强领导下，党的十八大以来的中国特色社会主义实践引导中国进入中国特色社会主义新时代，我国经济社会格局正在发生深刻变化，脱贫攻坚行动顺利推进，每年实现贫困人口脱贫 1000 多万人，贫困人口从 2012 年的 9899 万人减少到 2017 年的 3046 万人，在较短时间内实现了贫困村面貌的巨大改观。中国社会科学院组建了一百支调研团队，动员了不少于500名科研人员的调研队伍，付出了不少于3000个工作日，用脚步、笔尖和镜头记录了百余个贫困村在近年来发生的巨大变化。

根据规划，每个贫困村子课题组不仅要为总课题组提供数据，还要撰写和出版村庄调研报告，这就是呈现在读者面前的"精准扶贫精准脱贫百村调研丛书"。为了达到了解国情的基本目的，总课题组拟定了调研提纲和问卷，要求各村调研都要执行基本的"规定动作"和因村而异的"自选动作"，了解和写出每个村的特色，写出脱贫路上的风采以及荆棘！对每部报告我们都组织了专家评审，由作者根据修改意见进行修改，直到达到出版要求。我们希望，这套丛书的出版能为脱贫攻坚大业写下浓重的一笔。

中共十九大的胜利召开，确立习近平新时代中国特色社会主义思想作为各项工作的指导思想，宣告中国特色社会主义进入新时代，中央做出了社会主要矛盾转化的重大判断。从现在起到2020年，既是全面建成小康社会的决胜期，也是迈向第二个百年奋斗目标的历史交会期。在此期间，国家强调坚决打好防范化解重大风险、精准脱贫、污染防治三大攻坚战。2018年春节前夕，习近平总书记到深度贫困的四川凉山地区考察，就打好精准脱贫攻坚战提出八条要求，并通过脱贫攻坚三年行动计划加以推进。与此同时，为应对我国乡村发展不平衡不充分尤其突出的问题，国家适时启动了乡村振兴战略，要求到2020年乡村振兴取得重要进展，做好实施乡村振兴战略与打好精准脱贫攻坚战的有机衔接。通过调研，我们也发现，很多地方已经在实际工作中将脱贫攻坚与美丽乡村建设、城乡发展一体化结合在一起开展。可以预见，贫困地区的脱贫攻坚将不再只局限于贫困户脱贫，我们有充分的信心从贫困村发展看到乡村振兴的曙光和未来。

是为序！

全国人民代表大会社会建设委员会副主任委员

中国社会科学院副院长、学部委员

2018 年 10 月

前　言

　　反贫困是一项事关人类福祉的全球性事业。作为社会主义国家，追求共同富裕、消除贫困是我们国家持续努力的方向。

　　到 2020 年全面建成小康社会，是我国"两个一百年"奋斗目标的第一个百年目标，农村贫困人口脱贫是全面建成小康社会的最艰巨的任务。党的十八大以来，我国大力推进扶贫开发，农村扶贫事业取得了巨大成就。截至 2018 年末，全国农村贫困人口从 2012 年末的 9899 万人减少至 1660 万人；贫困发生率从 2012 年的 10.2% 下降至 1.7%。2019 年，我国农村的贫困人口又减少 1109 万人。2020 年，还有需要脱贫的贫困人口 551 万人。可以说，我国在短时间内实现了人类历史上最快速度的大规模的减贫工作，极大推进了全世界的反贫困事业。

　　作为一个多维度的概念，贫困不仅仅是一种经济现象，也是一种社会现象、文化现象。要有效推动反贫困事业，在努力实现经济脱贫的同时，还需要切实阻断贫困文化的代际传递，构建摆脱贫困的社会资本，激发贫困人群的内生脱贫动力，培育贫困人群的抗逆力，如此方能实现可持续性脱贫、真正降低已脱贫人群再度返贫的可能性。正因为反贫困工作的复杂性，我国这项"由党和政府推动、全社会多元主体参与"的减贫工作在短期内取得如此显著成绩的事实成为全世界关注的焦点，相关思考和问题也随之而来：我国农村在过去短短几年时间内实现大规模快速减贫是何以可能的？其中，有哪些重要的脱贫经验或脱贫模式，又存在哪些经验和警示？只有回答了这些问题，才能真正了解和把握中国扶贫成效的本质，才能更好地做好"脱贫攻坚战"结束之后的可持续性反贫困事业。

中国有 31 个省、自治区、直辖市，各地的贫困情况各有不同。尤其是革命老区、民族地区、边疆地区的脱贫工作，囿于自然条件、交通运输等的限制，实现脱贫的难度更大，其主要的脱贫经验可能会与其他地区存在差异。在分析总结我国脱贫工作的经验与不足时，也应针对不同地区的脱贫实情有区别地、精准化地展开研究和讨论。

在以上问题的指引下，本研究于 2017 年以江西省赣州市的革命老区贫困县的贫困村——江西省上犹县营前镇的蛛岭村为调研点开展调查研究，以期能聚焦回答：在经济基础薄弱、农业生产条件有限、农业劳动生产率相对不高的革命老区，其脱贫之路存在哪些经验模式值得肯定，但同时又存在哪些有待改进的空间。

本书的结构如下。

第一章主要介绍了本研究的三个研究问题和研究方法。本研究立足多维贫困治理的研究视角，从革命老区贫困村调研点的脱贫实情出发，提出需着重回答社会治理、农村劳动力转移就业和产业扶贫在脱贫过程中起到何种作用、存在哪些可推广经验以及哪些方面仍需改进。

第二章主要介绍了调研点——上犹县营前镇蛛岭村的基本情况。在介绍上犹县、蛛岭村的基本自然条件和人口情况后，分析了蛛岭村经济社会发展过程中所面临的瓶颈，并在此基础上介绍了蛛岭村的贫困情况。

第三章着重分析镇政府、村干部、驻村干部、社会组织、农村淘宝店等社会治理的各方主体，在蛛岭村脱贫过程中如何发挥作用以及存在的结构化困境。

第四章着重分析劳动力转移就业在上犹县、蛛岭村的脱贫过程中有哪些实践、发挥了哪些作用，总结分析实践中存在的制约因素。

第五章着重介绍了蛛岭村的光伏、养殖种植等产业扶贫项目的状况，深入分析其主要成效与潜在的不足。

第六章针对以上分析中提到的社会治理、农村劳动力转移就业、产业扶贫面临的难点提出对策建议。同时，立足上犹县的脱贫工作，就保持脱贫成效可持续性提出了处理好乡村整治与文脉保持、绝对贫困与相对贫困、贫困户与非贫困户待遇差异、资本下乡与农村发展、经济发展与环境保护、定期脱贫与长远发展等六类关系的思考。

本书附录部分，在众多访谈案例中，精选了部分访谈笔记，供读者更深入地了解我国正在进行的这项伟大、艰难和复杂的减贫事业，也更有助于理解本书的研究问题和研究观点。同时，由于本书只重点分析了社会治理、农村劳动力转移就业和产业扶贫三部分内容，为了便于读者更全面地了解调研点——上犹县营前镇蛛岭村的精准扶贫精准脱贫情况，在附录部分还提供了笔者撰写的两篇基于调研点精准扶贫实践的分析思考，供读者参考。

目　录

// 001　　第一章　研究背景

　　/ 003　　第一节　研究问题

　　/ 015　　第二节　研究方法

// 019　　第二章　走进蛛岭村

　　/ 021　　第一节　基本概况

　　/ 030　　第二节　蛛岭村的贫困情况

// 043　　第三章　精准扶贫与蛛岭村的社会治理

　　/ 046　　第一节　蛛岭村脱贫攻坚的治理格局

　　/ 060　　第二节　社会治理的结构化难题

// 069　　第四章　精准扶贫与蛛岭村的劳动力转移就业

　　/ 072　　第一节　蛛岭村劳动力转移就业情况

　　/ 077　　第二节　劳动力转移就业的制约因素

// 085　第五章　精准扶贫与蛛岭村的产业扶贫

　/ 088　第一节　蛛岭村的产业扶贫实践

　/ 095　第二节　科研助力产业扶贫

　/ 098　第三节　实施成效与潜在的问题

// 103　第六章　"三驾马车"与脱贫可持续性的探讨

　/ 105　第一节　"三驾马车"：改进与发展

　/ 122　第二节　保持脱贫成效可持续性的关键：处理好六类关系

/ 131　附　录

　/ 133　附录一　个案访谈精选

　/ 171　附录二　江西省贫困农村精准扶贫现状与建议

　/ 177　附录三　精准扶贫推动农村党群干群关系的再造

// 183　参考文献

// 185　后　记

第一章

研究背景

第一节　研究问题

一　精准扶贫：多维贫困的治理视角

我国经济社会发展达到了总体较高的程度，已经不能简单地从整体和局部的关系来看待当前我国的贫困现象，也不宜仅以"收入或支出"单一标准来治理贫困问题。在党和政府扶贫开发力度不断加大的趋势下，我国的贫困现象从新中国成立初期的整体化转变为改革开放时期的局部化，进而变为后来的区域性、碎片化，同时这些嵌入不同片区、不同人群内的碎片化的贫困，仅靠单纯的政府资金投入已难以消除。

在贫困问题日益复杂的形势下，党的十八大提出全面深化改革开放和全面建成小康社会奋斗目标，之后党的十九大报告中又指出，"重点攻克深度贫困地区脱贫任务，确保到二〇二〇年我国现行标准下农村贫困人口实现脱贫，贫困县全部摘帽，解决区域性整体贫困，做到脱真贫、真脱贫"。因此，如何能更有效地帮助贫困地区、贫困村加快发展，支持贫困农户增收脱贫、提高发展能力，成为全面建成小康社会的攻坚之战。

2011年颁布实施的《中国农村扶贫开发纲要（2011~2020年）》将扶贫开发的目标确定为："到2020年，稳定实现扶贫对象不愁吃、不愁穿，保障其义务教育、基本医疗和住房。贫困地区农民人均纯收入增长幅度高于全国平均水平，基本公共服务主要领域指标接近全国平均水平，扭转发展差距扩大趋势。"2015年底，《中共中央国务院关于打赢脱贫致坚战的决定》中，除列出《扶贫开发纲要》中的目标外，还新增了"确保我国现行标准下农村贫困人口实现脱贫，贫困县全部摘帽，解决区域性整体贫困"的目标。该新增目标从脱贫角度对扶贫开发工作提出要求，体现了我国扶贫开发任务转向精确化和具体化，而这种精确化、具体化的转向的基础和根据则是近年来提出的精准扶贫方略。①

"精准扶贫"由中共中央总书记习近平2013年11月在湖南湘西调研时首次提出。2015年6月，习近平总书记在贵阳召开的座谈会上进一步对精准扶贫提出了六个方面的要求，即"扶持对象精准、项目安排精准、资金使用精准、

---

① 张建明主编《中国人民大学中国社会发展研究报告2016——精准扶贫的战略任务与治理实践》，中国人民大学出版社，2017，第89页。

措施到户精准、因村派人（第一书记）精准、脱贫成效精准"，并于同年 11 月在中央扶贫开发工作会议上做了更深入的阐述，提出"要解决好'扶持谁'的问题，确保把真正的贫困人口弄清楚，把贫困人口、贫困程度、致贫原因等搞清楚，以便做到因户施策、因人施策。要解决好'谁来扶'的问题，加快形成中央统筹、省（自治区、直辖市）负总责、市（地）县抓落实的扶贫开发工作机制，做到分工明确、责任清晰、任务到人、考核到位"。

可见，我国现阶段实践的"精准扶贫"是针对不同贫困区域环境、不同贫困农户状况，运用科学有效程序对扶贫对象实施精准识别、精准帮扶、精准管理的反贫困方略，它旨在把嵌入不同地区、不同人群中的贫困人员识别出来，有针对性地评估贫困原因并有针对性地实施脱贫策略。精准扶贫的对象主要是贫困农民，"谁贫困、就帮扶谁"。作为我国反贫困工作的重点工作，为了更精准、更全面地实现精准扶贫、精准脱贫，我国精准扶贫包括了干部驻村帮扶、职业教育培训、扶贫小额信贷、易地扶贫搬迁、电商扶贫、旅游扶贫、光伏扶贫、构树扶贫、致富带头人创业培训、龙头企业带动等十项工程，大体涵盖了产业、教育、金融、住房、旅游等领域的不同主体参与扶贫脱贫的不同形式。

在马克思看来，无产阶级的贫困不仅包括物质贫困，还包括政治贫困、精神贫困、意识贫困和心理贫困等。[①]同样，经济学家阿马蒂亚·森也认为贫困是多方面因素造成的，应从多维贫困的视角认识到贫困存在动态的发展规

---

① 马克思：《资本论》（第 1 卷、第 3 卷），人民出版社，1975。

律，要注重提高个体的基本可行能力的获得、减少社会排斥。[①] 而习近平总书记提出的"精准扶贫"，正是以"内源式扶贫"为贫困治理理念，以提升贫困人口发展的内生动力为扶贫脱贫工作目标，将物质扶贫与精神扶贫相结合，充分激发社会各方的参与积极性，努力形成政府、市场、社会三方合力推进的扶贫开发格局。[②]

因此，无论从理论还是从实践来看，我国的精准扶贫是多主体、多形式的多维贫困治理模式，应能有效解决区域化、碎片化贫困现象。在多维贫困治理的大背景下，我国大部分贫困人口实际能受益一种至几种的不同维度、不同类型的扶贫项目，在不同地区的扶贫脱贫实践中，这些项目对贫困人口发挥的作用也有所不同。鉴于本研究调研点属于革命老区，存在经济基础薄弱、农业生产条件有限、农业劳动生产率相对不高等问题，为了更好地研究分析其贫困村的脱贫之路，本研究将聚焦贫困治理中的社会治理格局、劳动力转移就业扶贫和产业扶贫三方面，并围绕此方面提出如下三个研究问题。

二　研究问题之一：精准扶贫与社会治理

进入 21 世纪以来，我国学界有关社会治理的概念梳理和理论探讨日益增多。从学术意义而言，"治理"体现

---

① 〔印度〕阿马蒂亚·森：《贫困与饥荒》，王宇、王文玉译，商务印刷馆，2001。

② 伊敏：《中国的贫困与反贫困理论研究综述》，《技术经济与管理研究》2019年第 11 期。

了多中心的权力、不间断的平等协商、公共部门和私人部门的共同承担等多层含义。在此基础上，社会治理是指政府、社会组织、企事业单位、社区以及个人等，通过平等的协商对话机制，依法对社会事务、社会组织和社会生活进行规范和管理，最终形成符合整体利益的公共政策的持续过程。它能为解决社会结构分化、利益价值多元、社会风险频发等现代社会问题提供传统政治统治和政府管理手段无法解决的应对方法。[①]

社会治理理论的内涵有四个方面。一是治理主体多元化，政府是领导者、设计者和牵头人，但不是包办人，要充分发挥市场组织、社会组织、民众等非政府主体的作用；二是相关利益主体的权力平等性，治理各方存在差异性，是多元化的，权力的向度是自上而下和自下而上的双向互动，主体间一定是多元合作、共同参与的关系，是通过对话、协商、谈判等方式谋取共识，避免集体行动困境；三是既重视正式制度的规范性作用，也重视非正式制度的整合价值；四是强调以问题解决为焦点。[②]

从我国社会建设的实践来看，党的十九大报告提出，"要打造新时代共建共治共享的社会治理格局"，要"完善党委领导、政府负责、社会协同、公众参与、法治保障"的社会治理体制，并对多元参与共治的责任和参与形式做了明确规定。党的十九届四中全会对此制度做了创新，提

---

① 邹宇春、茅倬彦：《构建人口计生领域多元共治体系》，《中国社会科学报》2017年11月15日。

② 李志忠：《社会治理视角下精准扶贫困境突破的路径探究——基于安徽省C市的访谈调查》，《重庆理工大学学报》（社会科学版）2020年第1期。

出了"完善党委领导、政府负责、民主协商、社会协同、公众参与、法治保障、科技支撑的社会治理体系，建设人人有责、人人尽责、人人享有的社会治理共同体"。

无论是理论上还是实践上，社会治理体系已成为推动我国当代社会建设良性进行的重要元素，在反贫困领域也不例外。贫困的社会治理，应由包括政府、市场、社会在内的各方相关利益主体参与扶贫工作，通过社会资源、社会资本的合理分配，形成多层次的贫困治理结构，提供多维度的贫困治理服务，同时提升不同治理主体的治理能力，尤其提升贫困人口自我治理的能力和其社会资本的积累。

自精准扶贫相关政策和举措实施以来，脱贫工作取得了巨大成效，但有些地区逐渐出现了一些深层次的矛盾和问题，政府决策者、学术界以及社会各界逐渐达成共识，认为这些矛盾和问题很大程度上源自扶贫脱贫工作中的社会治理体系的运行不足。精准扶贫的目标是帮助贫困人口摆脱贫困，但仅靠政府或某些组织的单方面力量不足以精准识别出碎片化的贫困人口，也不足以提供有针对性但又多维的系统的扶贫措施，一定是需要社会多方主体主动参与到贫困治理工作中，才能在有限的资源下高效地完成脱贫攻坚战。同时，这种多方主体也一定要包括贫困人口自身在内，通过他们积极参与精准脱贫的过程以实现益贫式增长。只有这种人人有责、人人尽责的贫困治理模式才能实现真正的精准扶贫精准脱贫，并保证脱贫效果的可持续性。

因此，在精准扶贫过程中应鼓励和培育各方主体的参与和发展意识，形成政府、市场、社会组织、受助群体等多主体平等合作、协商对话的治理结构，实现反贫困工作制度的机制化与常态化。[①] 鉴于贫困农村的社会治理体系存在何种格局、社会治理能力处于何种水平，对于推进反贫困工作，尤其对于巩固和维护已有的脱贫成效，具有非常重要的作用，本研究的第一个研究问题是：在精准扶贫、精准脱贫的过程中，蛛岭村的社会治理格局处于何种状态？存在哪些可推广借鉴的经验？哪些方面仍需要改进？

三　研究问题之二：精准扶贫与劳动力转移就业扶贫

劳动力转移就业，是指农村人口离家务工以获得工资性收入的经济行为。它能够帮助农村家庭实现快速增收，成为我国精准扶贫的主渠道之一。当前很多贫困农村受到自然基础条件薄弱、发展条件不足的制约，在立足农村改革以实现农业发展增收的同时，推动农村"剩余"[②]劳动力转移就业，是农村贫困家庭短时间内摆脱客观条件束缚而尽快实现脱贫的有效途径。[③]

改革开放初期，随着市场机制在生产要素配置过程中的作用越来越大，越来越多的农村劳动力离开居住地进入城市从事第二、第三产业。这种现象被称为"农民进城务

---

① 高飞、向德平：《社会治理视角下精准扶贫的政策启示》，《南京农业大学学报》（社会科学版）2017 年第 4 期。

② 所谓剩余，是相对而言的，许多农村转移的劳动力并非真正意义上的剩余劳动力。学术界对此已有颇丰研究讨论，本处不再赘述。

③ 刘宾志、滑运舍：《精准扶贫中转移就业面临的困难与对策》，《领导之友》2016 年第 23 期。

工"。学者们用不同的理论来解释并分析这种现象发生的原因。比如，刘易斯提出了著名的发展中国家劳动力转移的二元经济模型；[①] 斯塔克等人用"相对贫困"来解释劳动力转移问题，认为当劳动力感受到自身经济地位相对较低时会产生迁移动机，以谋取自身经济地位的改善；[②] 唐纳德·博格提出了著名的推拉理论，认为在影响劳动力迁移的因素中，原住地的推力的影响要比外界拉力的影响要小，因此当只有强烈推力而无强烈拉力时，迁移的可能性较小。[③] 舒尔茨在他的人力资本理论中提出迁移行为是劳动力个体的一种经济投资过程，并且这是一种回报率很高的投资，能够在实现个体经济增收的同时促进区域经济的发展。[④] 总的来说，这些分析都在一定程度上说明了我国农村劳动力转移就业是一种理性的行为，符合城乡长期协调发展的规律，是我国经济发展的必然结果。

一般来说，农村劳动力转移主要有三种方式。一是向当地的非农产业（主要为乡镇企业）转移，二是向省内城镇转移，三是省际转移。[⑤] 近年来，在保持这三种转移就业方式的同时，由于农村经济的多元化发展，比如农村合作经济兴起、种植业养殖业的规模化和企业化经营、农村服务业的加速发展、三产融合等，一些农民就地在"家门口"实现转移

① Lewis W. A., "Economic Development with Unlimited Supplies of Labour", *The Manchester School*, 22,2（1954）: pp. 139–191.

② Stark O., Taylor J. E., "Relative Deprivation and International Migration", *Demography*, 1989, 26, 1（1989）: pp. 1–14.

③ Bogue, D. J. "Internal Migration", in Hauser, Duncan（ed）, *The Study of Population: An Inventory Appraisal*, Chicago: University of Chicago Press, 1959.

④ 〔美〕西奥多·舒尔茨：《对人进行投资》，吴珠华译，商务印书馆，2017。

⑤ 蔡昉：《中国流动人口问题》，河南人民出版社，2000。

就业。比如在家门口的扶贫车间就业。这种就业形式的特点是就业时间灵活、能够通过短期培训上岗、能够照顾家庭、不需要太多的体能等。尽管就地转移就业的人口规模不大，但能够有效帮助那些需要照顾家庭、需要灵活就业时间、自身技术不足或体能较弱的贫困人口获得就业机会。这些人群是贫困家庭中的潜在生产力，是碎片化贫困现象中的扶贫难点和重点。

无论是哪种方式的转移就业，都能帮助贫困家庭的劳动力提升技能、获得工资性收入甚至能够习得致富思维，脱贫效果明显且有较高程度的可持续性。劳动力转移就业能给缓解农村贫困带来多重效用，除了增加家庭收入外，同时还会降低绝对贫困的发生率、提高流动者本人及家庭成员的人力资本水平、促进现代农业生产要素的使用、改变农村家庭以往单一的收入结构。[1] 不过，农村劳动力转移就业也会带来消极影响，主要有两方面：一是导致农业生产部门产值下降。农村劳动力的择优转移会导致农业生产部门的人力资本浅化，对农村发展产生不利影响。[2] 二是农村劳动力转移将会给农村带来系列负面社会效应，如农地抛荒、留守群体、"空心村"、农村基层组织的衰落和新农村建设困境等。[3]

党的十八大以来，习近平总书记在一系列扶贫开发

① 张永丽、王文娟：《农村劳动力流动与缓解贫困——基于甘肃省贫困山区的实证分析》，《人口与经济》2008年第5期。

② 王秀芝：《农村劳动力转移与农业产出：一个静态均衡分析模型》，《南昌航空大学学报》（社会科学版）2010年第3期。

③ 秦秋红：《农村劳动力转移的成本及其影响分析——兼论农村人力资本的形成》，《宁夏大学学报》（人文社会科学版）2006年第6期。

讲话和实地调研活动中，都十分关心和重视就业扶贫，并对此做出一系列要求和安排。在党和政府的不懈努力下，目前我国的扶贫工作已经进入攻坚阶段，贫困地区成为扶贫攻坚的主战场，脱贫任务艰巨。由于大部分贫困地区人口较多而资源相对稀缺，区域经济发展水平有待提高，促进劳动力转移就业便成为此类地区贫困人口脱贫的重要路径。因此，加强对贫困地区劳动力转移的研究具有较强的现实意义。本研究的第二个研究问题是：在蛛岭村，劳动力转移就业在其脱贫过程中起到了什么样的作用？存在哪些可推广借鉴的经验、哪些方面仍需改进？

四 研究问题之三：精准扶贫与产业扶贫

产业扶贫是以市场为导向，以增加经济效益为中心，以发展产业为杠杆的扶贫开发过程。它是促进贫困地区发展、帮助贫困农户增收的重要途径，是扶贫开发战略的重点。作为一种内生发展机制，产业扶贫旨在促进贫困人口（家庭）与贫困地区的协同发展，深耕发展基因、培育发展动力和阻断贫困发生。

进入 21 世纪以来，我们国家把开发扶贫作为反贫困工作重点，投入了越来越多的资源。国家投入大量的开发资金，直接用于经济发展，用于发展投资和产业，因此开发式扶贫也常常被称为"产业扶贫"，这一概念的提出，也实现了国家扶贫政策从"输血"到"造血"的转变。2015

年习近平总书记在减贫与发展高层论坛上首次提出"五个一批"的脱贫措施，即发展生产脱贫一批、易地搬迁脱贫一批、生态补偿脱贫一批、发展教育脱贫一批、社会保障兜底一批。而在这"五个一批"之中，产业扶贫涉及对象最广、涵盖面最大，是能否实现精准扶贫的关键。近年来，在党中央的强烈号召和要求之下，国内很多地区可谓真正享受到了"授之以渔"的产业扶贫政策实惠，产业扶贫是当前让更多贫困地区民众摆脱穷苦生活，逐步走向富裕的重要抓手。无论是从著名学者阿马蒂亚·森的发展观来看，还是从可持续发展理论、参与式发展理论观之，产业扶贫的理念都有着积极的意义与后发力。

近年来，国内学者对产业扶贫进行了大量的研究。学者们发现产业扶贫可以极大地调动农户参与产业化经营的积极性，促进贫困地区增产增收，是一种行之有效的扶贫方式，并指出要确立龙头企业带动型产业扶贫模式，企业要通过组建园区加强对基地的控制，主动吸纳广大贫困农户参与产业化经营；[1] 产业扶贫可以实现扶贫对象自我发展能力提高与农业现代化的有机结合[2]，形成了贫困家庭收入的主要来源并缓解了贫困地区脆弱生态环境面临保护与发展的危机，[3] 在农村基础设施建设、农民收入水平、职业

---

[1] 白丽、赵邦宏：《产业化扶贫模式选择与利益联结机制研究——以河北省易县食用菌产业发展为例》，《河北学刊》2015 年第 4 期。

[2] 黄承伟、覃志敏：《统筹城乡发展：农业产业扶贫机制创新的契机——基于重庆市涪陵区产业扶贫实践分析》，《农村经济》2013 年第 2 期。

[3] 韩斌：《我国农村扶贫开发的模式总结和反思》，《技术经济与管理研究》2014 年第 6 期。

转变等方面均有积极功能，有利于可持续发展。^①阿马蒂亚·森在其著述中指出发展可以看作扩展人们享有真实自由的一个过程，这里的真实自由不仅指自由的权力，还有自由的能力。^②产业扶贫试图以发展扶贫对象的能力来改善其生产能力和生活水平，与阿马蒂亚·森的发展理念不谋而合。

不过，产业扶贫在实践的过程中也面临着各种各样的问题。学者研究发现，政府主导的产业扶贫项目因为缺乏村庄社会性参与及村庄公共平台的承接与运作，往往会导致扶贫目标偏移、拉大贫富差距、加速村庄原子化溃败以及降低农民对政府的政治信任等后果^③。当前产业扶贫在践行参与式理念的过程中，出现了目标偏离与实践变形。多元主体的互动参与异化与政府主导下的被动参与，包括龙头企业、农村经济合作组织和贫困农户在内的多元主体难以与地方政府进行平等对话与协商，主体间地位不平等及互动不足是当前产业扶贫中遇到的主要瓶颈^④。

可以说，产业扶贫是传统扶贫思想和方式的延续，也是新时期扶贫手段的创新。目前，我国产业扶贫的实践模式主要有四种基本分类："公司＋农户"、"合作社＋农户"、

---

① 张跃平、徐传武、黄喆:《大推进与产业提升：武陵山区扶贫的必由之路——以湖北省恩施州望城坡等地的扶贫实践为例》,《中南民族大学学报》(人文社会科学版) 2013 年第 5 期。

② 〔印度〕阿马蒂亚·森:《以自由看待发展》,任赜、于真译,中国人民大学出版社, 2002。

③ 孙兆霞:《脱嵌的产业扶贫——以贵州为案例》,《中共福建省委党校学报》2015 年第 3 期。

④ 胡振光、向德平:《参与式治理视角下产业扶贫的发展瓶颈及完善路径》,《学习与实践》2014 年第 4 期。

"公司＋合作社＋农户"和"公司＋合作社＋基地＋农户"。在实践的过程中，四种模式也发挥着自己独特的作用，为产业扶贫的发展创造了新的举措，积累了新的经验。当然，从各地实践来看，产业扶贫也存在一些问题，需要我们客观对待，不断改进。在扶贫攻坚的关键时期，以精准扶贫的视角，深入总结产业扶贫的一般经验和规律，并针对其发展困境提出相应的对策建议，对于推动精准产业扶贫具有重大意义。因此，本研究的第三个研究问题是：在蛛岭村，产业扶贫在其脱贫过程中起到了多大的作用？存在哪些可推广借鉴的经验、哪些方面仍需要改进？

第二节 研究方法

本研究采用了文献分析、问卷调查、焦点组座谈、个案访谈、参与式观察等研究方法。

首先，查阅资料，对相关资料做基础的定性和定量分析。通过查阅上犹县委、县政府及扶贫开发办公室的政府文件、工作汇报、工作计划、总结以及全县范围内的贫困状况调查资料，初步分析了解本地区贫困问题的基本情况（包括贫困分布情况、经济状况、地理条件以及全县近五年来的农村扶贫工作和政府扶贫措施的基本情况）。在与有关部门领导初步讨论以后，对蛛岭村在上犹县的典型性和代表性做了评估，如对自我积累能力弱、经济基础薄弱等的初步研究分析。

其次，在蛛岭村所在的营前镇展开不同人员的座谈。听取了乡镇主要党政领导、扶贫专干等对全镇扶贫工作以及蛛岭村扶贫工作的介绍和分析，围绕本地各贫困村为何致贫、如何脱贫两方面进行深入探讨，详细讨论了上犹县政府在营前镇尤其是蛛岭村所开展的项目状况、取得的经验、工作亮点和存在的问题。

再次，进入蛛岭村以后，首先采用参与式观察和焦点组座谈两种方法，对农户生活、生产、卫生、人口、村内基础设施建设、村委会、合作社等情况进行了实地观察。焦点组由村"两委"、乡镇干部和村民代表组成，其中村民代表是根据村"两委"建议和部分村民选举产生。整个座谈围绕扶贫脱贫问题进行半结构式访谈，涉及政府项目的支持、村庄的集体行动尝试和农户的自身努力等议题，着重了解村民、村庄、政府在不同层次和不同背景下的问题、困难、成果和经验。

最后，采用问卷调查、个案访谈等研究方法，重点调查村庄内部在脱贫过程中各层次、各方面的情况。问卷调查涉及农民的家庭成员、生活状况、健康与医疗、劳动与就业、扶贫脱贫等多个领域。根据村干部提供的村民花名册，生成了贫困户名单、非贫困户名单，并分别随机抽取了33户贫困户和30户非贫困户，进行问卷调查。个案访谈选择有代表性的贫困户家庭成员，深入挖掘其在参与脱贫项目过程中的感受、效果和困难，共完成27份个案访谈（见图1-1、见图1-2）。

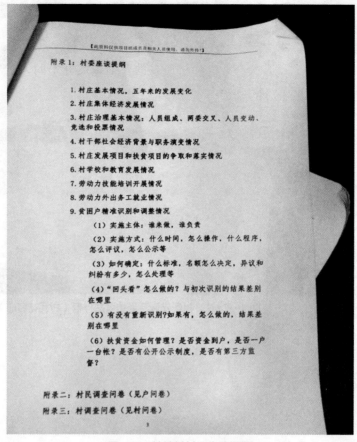

图1-1　蛛岭村村委座谈提纲

说明：本书图片（除特殊标注），均为课题组成员拍摄、制作。

作为上犹县的一个贫困村，蛛岭村的精准脱贫工作是在上犹县脱贫攻坚工作的布局下开展的。江西省自贯彻实施"十三五"规划以来，便将蛛岭村作为省级扶贫攻坚的重点村。蛛岭村致贫的原因、扶贫脱贫的政策以及一些具体的做法，都与上犹县的脱贫攻坚工作紧密相关。因此，本研究会根据分析需要穿插对上犹县脱贫实践的分析，以便更清楚地分析阐述蛛岭村的脱贫之路。

图1-2　蛛岭村问卷调查受访者抽样框（村民花名册）

第二章

走进蛛岭村

第一节　基本概况

2013 年，国务院扶贫办、国家发展改革委向江西省人民政府印发《罗霄山片区区域发展与扶贫攻坚规划（2011~2020 年）》（国开办发〔2013〕18 号），指出罗霄山区是国家新一轮扶贫攻坚主战场之一，提出"区域发展带动扶贫开发，扶贫开发促进区域发展"的基本思路，明确将罗霄山片区建设成为全国革命老区扶贫攻坚示范区、我国南方地区重要交通通道、承接产业转移示范区、特色农业和全国稀有金属产业及先进制造业基地、红色旅游胜地与生态文化旅游重要目的地、我国南方地区重要生态安全屏障的战略目标。

本研究调研点为江西省赣州市上犹县营前镇的蛛岭村。上犹县位于江西省赣州市西部,是国家扶贫开发重点县、罗宵山区集中连片特困地区扶贫攻坚县。其具备了罗霄山片区贫困县的典型特征,即发展基础比较薄弱,贫困面积大,贫困人口多,贫困程度深,自我积累能力差,扶贫难度大。同时,上犹县也是中国社会科学院的定点帮扶县。

一 上犹县基本情况

上犹县隶属江西省赣州市,位于赣江上游,江西省西南边陲,赣州市西南部;东临南康区,南临崇义县,西接湖南省桂东县,北临遂川县,是一个集山区、老区和库区于一身的特殊区域。上犹县有着丰富的自然资源和人文资源,这也成为上犹县寻求解决合理保护和有限开发的基础,是上犹县探索具有革命老区特色脱贫实践的重要依托之一。

(一)自然资源

上犹县耕地面积有限,但水热条件优越。全县土地面积 1543 平方公里,其中常用耕地面积 10.71 万亩,林地面积 164 万亩,全县人均耕地不足半亩,是一个典型人多地少的山区县;属亚热带季风湿润性气候,具有温和舒适、雨量充沛、无霜期长、四季分明的特点,粮食(水稻)作物可一年两熟。境内有湖泊、水库、山塘共计 1600 座,河流 610 多条，年平均径流量为 35.2 亿立方米，丰年径流量达 43.2 亿立方米，水能资源蕴藏量为 19.7 万千瓦。因此，当地流传有"八山一水半分田"的说法。同时也孕育了 450.5 万立方米的活立木，森林覆盖率是全国平均水平的近 4 倍，享有"中国天然氧吧"之称。其中可供开发的林木种类有毛竹、杉、松、苦槠、红楠等。

（二）水产资源

上犹县有丰富的水能资源。据统计，境内有大小水电站 46 座，年均发电量 7 亿千瓦时，水力发电量居全市之首，具有巨大经济产值贡献。同时，水热条件优越也给上犹县带来了丰富的旅游资源。据统计，上犹县境内有各种类型的旅游资源 200 多处，达到国家 1~5 级标准的景点有 162 处。同时拥有陡水湖和五指峰两个国家级森林公园。湿地面积 6.15 万亩，自然保护区面积 9.1 万亩，生态公益林面积 55.19 万亩。此外，上犹县拥有丰富的矿产资源。县内蕴藏着丰富的高岭土、花岗岩、铅、锌、白银等矿产资源。有关资料显示，高岭土储量 218.2 万吨，花岗岩储量 252 万立方米，铅、锌、白银矿石储量 27.74 万吨。

（三）人文资源

上犹县同时拥有更加丰富的人文精神资源，主要体现为客家精神和老区革命精神的延续和发展。上犹县是纯客家县，是客家人聚集繁衍和客家文化的重要发祥地之一，现仍保存着"九狮拜象"、"客家门匾"、民间灯彩和土法造纸等系列传统文化和技艺。

更值得关注的是客家文化的内在精神品质。客家文化是在特定的历史条件下形成的，是以移民为代表的地域性文化，其既具备中原传统文化的深厚底蕴，同时也因迁移行为而产生了坚韧不拔、勇于开拓和同宗、同乡、同文化之间的强烈合作互助意识。[①] 从某种程度上也可以将其视为一种强烈的宗族意识，而这恰恰是构成团结型村庄的核心要素，与华南的宗族型村庄可谓异曲同工，为乡村治理奠定了较好的组织基础。

此外，上犹县还是革命老区，有着光荣的革命传统，并把革命战争时期形成的宝贵精神不断延续和发展至今，不断丰富其内涵，形成了以爱党信党、不屈不挠、求真务实、自强不息、艰苦奋斗等为核心的老区革命精神。[②] 据不完全统计，从中共在大革命时期建立地方组织到上犹解放期间，全县的革命斗争从未停止。全县参加红军、游击队、赤卫队大概 1 万余人，投入苏维埃各项斗争约有 2 万人；姓名可考证的上犹籍英烈有 2129 名；同时，上犹籍的开国将军有 4 位。[③] 新中国成立后，上犹县被中央确立为革命老区县，并在 1997 年出版的《中国革命老区》一书中被归为一类老区县。

---

① 刘劲峰：《略论客家文化的基本特征及赣南在客家文化形成中的作用》，《南方文物》2001 年第 4 期。

② 王健：《铭记长征历史功绩 弘扬老区革命精神 为打赢老区脱贫攻坚战贡献力量》，《中国老区建设》2016 年第 7 期。

③ 上犹县党史县志工作办公室编著《中国共产党上犹历史：第一卷（1926~1949）》，中共党史出版社，2016。

图2-1　蛛岭村革命烈士陵园

（四）劳动力与就业

截至 2016 年底，全县户籍总人口 32.43 万人，劳动力人数达到 258891 人（农村 191281 人，城镇 67610 人）。辖 6 镇 8 乡、131 个行政村 10 个居委会。据上犹县抽样结果来看，具备初中及以上文化程度的劳动力占劳动力总数的 80.3%，早期低素质的劳动力结构发生显著转变。城镇人口 4.84 万人，农村人口 27.59 万人，城乡分布差异较大；男性人口 169194 人，女性 155122 人，男女性别比平衡。[①]

上犹县人地矛盾尖锐，外出务工是当地劳动力特别是农村劳动力主要工作方式，其给上犹县经济社会提供了资金、技术、人才和经验等支持。同时，在脱贫期间，上犹县通过扶贫车间、农业基地、合作社、农村能人、小微企业、行政单位等 6 大平台的搭建，使"滞留"本地的劳动

---

① 　数据由上犹县委提供。以下有关上犹县数据若不做特殊说明，一律视为上犹县委提供。

力特别是因特定因素无法外出务工的贫困劳动力有机会实现就业。就业平台的搭建与外出务工在就业形态上形成互补，与当前农村"以代际分工为基础的半工半耕"的生产分工模式相契合。值得一提的是，工业产业的发展及就业平台的建设成功吸引部分外出劳动力"回乡"，为经济建设和农村健康发展提供支撑。

2016 年底，上犹县农村人口中低保贫困人口 1.38 万人[①]，农村贫困发生率高于 5%，与江西省制定的 2% 的目标尚有一段距离；[②] 从贫困分布区域来看，全县 15000 多户贫困户，其中超一半的贫困人口集中在原中央苏区，区域经济发展水平较低。同时，上犹县是赣粤湘三省交界处最大的生态功能区，森林覆盖率达 81.7%，是全国生态保护与建设示范区，难以依靠工业完成积累，因而如何开发现有资源成为脱贫发展面临的重大议题。

二　蛛岭村基本情况

蛛岭村是上犹县下辖营前镇的一个贫困村。此村属于丘陵地带，四面环山，距离上犹县城 45 公里，距离赣州市区 92 公里。蛛岭村是营前镇行政中心所在地，与象牙村、梅里村、蕉里村、下湾村、合河村相邻。总面积 6.5 平方公里，其中，耕地面积（水田）1418.2 亩，旱田 380

---

① 　赣州市统计局《上犹县 2016 年国民经济和社会发展统计公报》。

② 　《江西省贫困村退出指标体系（修订版）》（赣开发〔2017〕9 号）规定，贫困发生率低于 2% 方可退出。

图 2-2 蛛岭村安装了直接入户管道的水井

亩，山场林地 12435 亩。该村气候温和，雨量充沛，日照充足，年日照时间 1600 小时以上。四季分明，无霜期长。由于云水河流过村子，所以该村也是当地陡水水库库区村之一，地表和地下水资源均比较丰富，村里基本不存在缺水情况，村民用水以地下水和自来水为主，160 户使用山泉水，村中基本实现农田有效面积灌溉全覆盖。

全村辖 46 个村民小组，1406 户，总人口 5723 人，其中农业人口 5326 人（直补移民人口 1607 人）。劳动力 2536 人，占常住人口总数的 44.3%，常年外出务工人员 964 人，仅占总人口的 16.8%。60 周岁以上 661 人，占常住人口总数的

11.5%。留守儿童221人，适龄儿童入学率98%。村支"两委"干部7人，中共党员6名，平均年龄46周岁。全村共有党员96人，50周岁以上的62人，占比64.6%。[①]

蛛岭村道路总里程28公里，实现硬化22公里，云水大道穿村而过。除移民搬迁外的村组，公路入户率达70%。由于蛛岭村是营前镇集镇所在地，乡村公交在距蛛岭村委会1公里处，部分居住在营前镇的村民出行比较便利。2017年第一次进村调研时，在公路、村道硬化方面，通组村道有6公里未硬化，G220道路正在修建，预计2020年投入使用。村里有线电视覆盖率100%，通电100%。村内有村卫生所2个（见图2-3），老年活动中心1处，体育健身场所2处。由于地处镇中心，村内村民享有营前小学、营前中学、营前卫生院及营前养老院等公共福利场所。

图2-3　蛛岭村的卫生所

---

① 若无特殊说明，本章有关蛛岭村的所有数据来自蛛岭村"两委"提供的内部资料，主要反映调研点2017年的情况。

蛛岭村的主要产业有光伏水稻、蔬菜种植及家畜水产养殖等。2016 年全村农业生产总值 154.6 万元，粮食总产量 1104 吨，人均年收入 2600 元；种植业方面，蛛岭村主要有水稻 1380 亩，蔬菜大棚 10 亩；养殖业初具规模的有 6 户，其中：1 户养蛇，100 公斤；5 户养蜂，37 箱；鱼塘 20 亩，24000 斤。光伏发电合作社 2 个，年发电 65 万~70 万千瓦时。

　　蛛岭村所在的营前镇是江西省小城镇建设重点镇、赣州市小城镇建设示范镇，在赣南素有"头唐江，二营前"之称。村境内居民说客家话（于桂片），客家文化浓郁，文化底蕴深厚，辖区内有毛泽东旧居、彭德怀旧居、上犹县革命烈士陵园等旅游景点。该村客家文化突出，保存有较好的客家建筑，客家门楣、姓氏宗祠保存与修复较好（见图 2-4）。红色革命思想浓厚，本村新中国成立后就有两名将军。每年会举行新兵入伍的欢送仪式，"一人当兵，全家光荣"的思

图 2-4　蛛岭村民家的门楣

想突出。村容整洁，文化底蕴丰富，村民关系融洽，村内治安较好。

第二节　蛛岭村的贫困情况

一　蛛岭村的发展困境

在地理位置上，蛛岭村有部分位于营前镇内，相比偏远地区的贫困村，蛛岭村在出行交通和公共资源获取上具有优势。不过，从课题组收集的相关调研资料和调查问卷数据分析可知，该村仍然存在一定程度的发展困境。

（一）自然资本缺乏，基础设施仍需改善

蛛岭村位于罗霄山脉中段，山多地少。全村耕地面积仅占全村面积的 14.4%，人均耕地 0.24 亩，仅为全国人均耕地面积的 16.3%。[①] 问卷调查数据显示，受访的贫困户家中，有有效灌溉耕地的比例达到 97%，但经营有效灌溉耕地的比例只有 51.5%；有自有旱地的共 27.3%，但有

———

①　《2015 中国国土资源公报》显示，依据全国土地利用数据预报结果，截至 2015 年末，全国耕地面积为 20.25 亿亩；《中国统计年鉴 2016》统计，2015 年末我国人口总数为 137462 万人。根据以上数据计算可得，截至 2015 年末我国人均耕地面积为 1.47 亩。

旱地经营面积的比例只有 18.2%，其经营面积为 0.1~1 亩；有自有林地的比例为 9.1%；有自有养殖水面的比例为 6%；均无牧草地和养殖设施用地。

耕地较少，且土地较为贫瘠，严重限制了农作物的种类、数量和质量。此外，蛛岭村的农田水利设施落后，山塘、水渠等水利设施较少且比较老化，农田抗御自然灾害的能力脆弱，大部分耕地属中低产田，甚至是"望天田"。蛛岭村农作物种植结构单一，基本上只种一季水稻，种植效益低。油茶林全部为低产油茶林，产量不高，经济效益也较差。

（二）村民居住分散，对外界信息的接受度极为不均

蛛岭村全村有 46 个村民小组，尽管该村与营前镇的行政中心有部分重叠，但整个村落分布极为狭长，村民居住分散，且林地较多，导致道路等基础设施建设存在困难。

调研时，尚有 30% 的农户没有入户公路（见图 2-5），村内有 50 户竹草土坯房、5 户危房。虽然大部分土坯房改造完毕，但相当比例的农户只是搭起了房屋的框架，无钱装修，甚至因为盖房欠下许多外债，家中生活设置简陋。问卷调查数据显示，有 20.4% 的受访户"不太满意"或"非常不满意"自家的住房条件。此外，为了便于耕种，有村民仍居住在半山坡，一周只去集镇赶一次集市，购买生活必需品，对外界的信息知晓甚少。调研发现，越贫穷的村民对外界信息的接受度越低。

图 2-5　蛛岭村某贫困户的入户路

（三）农业生产模式没有形成生产规模，支柱产业有待加强

蛛岭村的农业生产模式仍属于自给自足的小农经济发展模式，主要以家庭为生产单位，没有形成生产规模，在一定程度上制约了农业生产的发展。该村的村集体资产仅有固定资产宾馆1栋、店铺2间，可以取得的村集体收入并不多，缺乏村实体经济，没有村办企业。从调研情况看，村集体资源没有得到很好的开发利用，无法带来经济收入，导致村集体经济效益低下。

蛛岭村以农业生产为主，除了在政府支持下成立的光伏产业合作社、养蛇合作社等合作组织外，没有支柱性产业或龙头企业，村民的收入主要还是来自传统农作物和外出打工。从问卷调查数据看（见表2-1），贫困户家庭中没有劳动力的比例为27.3%，而非贫困户家庭中没有劳动力的比例仅为13.3%，这在一定程度上说明缺乏劳动力是部分家庭陷入贫困的原因之一。

（四）村民受教育程度较低，缺乏致富带头人

蛛岭村村民总体受教育程度不高。问卷调查数据显示（见表2-1），受访的贫困户中仅有6.1%的人是高中及以上教育程度，受访的非贫困户中仅有6.7%是高中及以上教育程度。整体上村民以小学和初中教育程度为主，且有部分比例的文盲。

部分村民发展生产的积极性不高，对新科技、新思想的接受能力差，无论是思维方式、生产方式还是生活方式都跟不上形势发展。有的农户甚至存在较严重的"等、靠、要"思想，以得到贫困户为"荣"、为"福气"。部分村民喜欢聚集起来吃酒、赌博，创业氛围不浓，致富热情不高。有能力致富的人只是极小部分，且自富自足的思想较重，在精准扶贫工作开展之前，他们参与村里集体事务的意愿较低，也不愿多管"闲事"，集体意识不强，缺乏带头致富的意识。

二 贫困户的基本情况

据蛛岭村委提供的资料，蛛岭村贫困发生率较高。

2017年4月精准扶贫回头看再识别后，全村建档立卡户278户956人。全村集中供养五保7人，散养五保13人，低保户187户296人（其中建档立卡户156户263人）。按照国家统一的贫困识别标准，蛛岭村完善了贫困户建档立卡资料，建立互联互通扶贫信息系统平台，做到"一户一网页、一户一对策、一户一帮扶、一年一结果、一年一核查"，做到信息互通、资源共享。

我们在蛛岭村进行了问卷调查，共发放并回收63份问卷，其中建档立卡户33份，非建档立卡户30份。33户建档立卡户包括5户一般贫困户、7户低保户、6户低保贫困户以及15户脱贫户；30户非建档立卡户包括29户非贫困户和1户建档立卡调出户。鉴于脱贫户仍享受贫困户政策，依据是否为建档立卡户把受访对象分为贫困户和非贫困户，并对其做比较分析。通过对比能较全面地呈现贫困户的状况，情况如下（见表2-1）。

表2-1 2017年蛛岭村受访贫困户与非贫困户的客观状况

单位：%

项目	贫困户（N=33）	非贫困户（N=30）
家庭人口数	均值=4.27人	均值=5.03人
5人及以下	75.8	60.0
6人及以上	24.2	40.0
家庭结构		
主干家庭	54.5	60.0
核心家庭	21.2	30.0
其他家庭	24.3	10.0
子女与谁住		
（外）祖父母	33.3	40.0
母亲一方	30.3	23.3
父母	24.2	23.3
其他	12.1	13.3

	贫困户（N=33）	非贫困户（N=30）
家庭消费年总支出		
1 万元以下	42.40	13.30
1 万元到 3 万元	24.30	43.40
3 万元以上	33.30	43.30
家庭食品年支出		
1 万元以下	78.8	50.0
1 万元到 3 万元	15.2	40.0
3 万元以上	6.0	10.0
收入满意度		
满意	9.1	10.3
一般	15.2	37.9
不满意	75.7	51.8
第一笔贷款的借贷主体	（N=17）	（N=10）
信用社	35.30	10.0
银行	23.50	20.0
私人	41.20	70.0
借贷用途	（N=17）	（N=10）
发展生产	47.0	30.00
助学	5.90	10.00
助病助残	5.90	10.00
生活开支	0	20.00
其他（建房等）	41.20	30.00
自有住房数量		
0 套	6.00	0
1 套	78.80	80.0
2 套及以上	15.20	20.0
家庭成员不健康人数	（N=24）	（N=15）
0 人	27.3	50.0
1 人	57.6	36.7
2 人及以上	15.1	13.3
婚姻状况		
已婚	66.7	93.3
未婚	3.0	0
丧偶	30.3	6.7

	贫困户（N=33）	非贫困户（N=30）
教育程度		
小学以下	18.2	10.0
小学	39.4	56.7
初中	36.4	26.7
高中及以上	6.1	6.7
家中劳动力人数		
0 人	27.3	13.3
1 人	24.2	33.3
≥ 2 人	48.5	53.3
3-18 周岁子女数		
0 人	39.4	46.7
1 人	21.2	23.3
2 人	30.3	16.7
≥ 3 人	9.1	13.3

说明：本书所有图表资料，如无特殊标注，均来源于该调研数据。

资料来源：精准扶贫精准脱贫百村调研，2017 年 9 月。

家庭人口情况。在家庭人口要素方面，受访者的家庭人口数为 1~8 人。其中，贫困户平均每户 4.27 人，非贫困户平均每户 5.03 人；贫困户和非贫困户均是 5 人户最多。在家庭结构要素方面，受访者的家庭以主干家庭和核心家庭为主。其中，贫困户的家庭结构为 54.5% 是主干家庭，21.2% 是核心家庭；非贫困户的家庭结构为 60% 是主干家庭，30% 是核心家庭。

婚姻状况。受访者的婚姻状况以已婚为主，占比 79.3%；其次为丧偶，占比 19.0%。受访者的婚姻状况在贫困户家庭和非贫困户家庭间有着不同的分布，贫困户家庭中受访者婚姻状况为丧偶的比例高于非贫困户，贫困户家庭中受访者为已婚的占 66.7%，丧偶的占 30.3%，还有

1位未婚；非贫困户家庭中婚姻状况为已婚的占 93.3%，丧偶的占 6.7%。

家庭子女数。受访者家中有 3~18 周岁子女的有 36 户，其中贫困户家庭中有 3~18 周岁子女的有 20 户，占贫困户家庭的 60.6%，非贫困户家庭中有 3~18 周岁子女的有 16 户，占非贫困家庭的 53.3%。贫困户、非贫困户家庭的子女与（外）祖父母一起生活的比例均最高（33.3%，40.0%），其次是与母亲一起生活（30.3%，23.3%），最后是与父母一起生活（24.2%，23.3%）。其中，相比非贫困户，贫困户的子女与（外）祖父母居住的比例更少，但与母亲或父母居住的比例更高。这在某种程度上意味着，在蛛岭村，非贫困户母亲或父母同时离家务工的情况要高于贫困户，贫困户家庭孩子有更高比例的父母或母亲的陪伴，但这或许也是其家庭经济水平相对更低的原因之一。

收入支出。受访者 2016 年末家庭生活消费总支出在 1100 元到 162900 元，其中贫困户支出在 1 万元以下的占 42.40%，非贫困户占 13.30%。其中，贫困户食品支出在 1 万元以下的约占八成。在对自家收入满意度方面，贫困户与非贫困户多数对自家的收入不满意，但贫困户的不满意程度较非贫困户程度高了 23.9 个百分点。

借贷情况。受访者家中上年有贷款的共 27 户，其中贫困户 17 户，非贫困户 10 户。贫困户的贷款金额在 10000 元到 80000 元，非贫困户的贷款金额在 5000 元到 700000 元。2016 年底有贷款的家庭其第一笔贷款的借贷主体以私人为主，但贫困户借贷主体是私人的比例低于非贫困户。需要注意的是，贫困居民户借贷用于发展生产、建房两类用途的比例基本相当，偿还建房贷款将成为贫困户家庭的潜在风险。

住房状况。绝大多数受访者家中至少有 1 处自有住房，但有 2 位贫困户受访者家中没有自有住房。多数受访者对当前住房状况表示满意，但非贫困户家庭的受访者对当前住房状况的满意度比贫困户家庭受访者高了 10.62 个百分点（见图 2-6）。

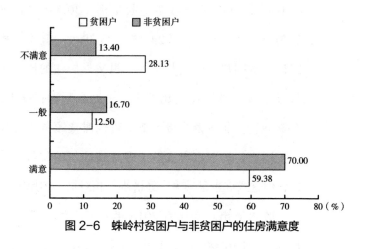

图 2-6 蛛岭村贫困户与非贫困户的住房满意度

健康状况。受访者家中有身体不健康成员的共有 39 户，其中贫困户 24 户，非贫困户 15 户。贫困户家中有身体不健康成员的比例高于非贫困户，非贫困户家中没有身体不健康成员的比例为 50.0%，而贫困户家中至少有 1 位身体不健康成员的比例为 72.7%。

综上，与非贫困户相比，蛛岭村贫困户的家庭人口数更少、贫困户的子女与（外）祖父母居住的比例更少但与母亲或父母居住的比例更高，贫困户的家庭消费年总支出以 1 万元以下为主且主要花在食品支出上，对收入的不满意度明显更高，借贷和偿还借贷的能力都偏弱，家庭成员的健康状况也更差。

但值得一提的是，尽管贫困户在许多方面与非贫困户存在差距，他们对当前生活的满意度更低，但认为现在的生活比五年前更好的比例更高，且对未来五年的生活有着更好的积极态度。相较之下，非贫困户有 31.0% 的比例对五年后的生活状态持"不好说"的态度，高出贫困户 21.9个百分点（见图 2-7、图 2-8）。

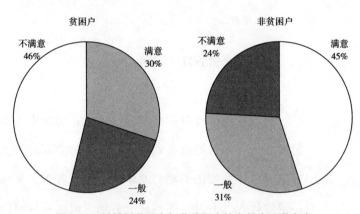

图 2-7　蛛岭村贫困户与非贫困户的当前生活满意度

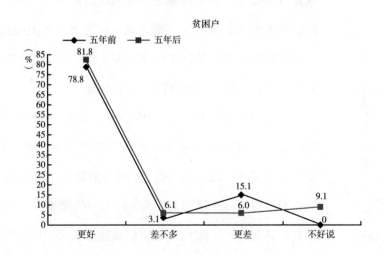

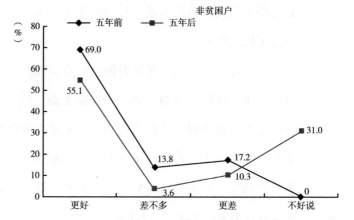

图 2-8　蛛岭村贫困户与非贫困户持有与五年前和五年后相比的生活满意度

三　贫困户致贫的直接原因

基于蛛岭村自身存在的发展困境，访谈中大部分受访村民认为在本村通过务农而发财致富的空间并不大，只要家里有身体健康的劳动力基本都会离家务工，为家庭挣得一定的收入。不过，那些缺乏劳动力或因各种原因无家庭成员可参加生产劳动的家庭，在村庄发展条件不足、村集体经济不发达的情况下，陷入贫困的可能性大大提高。基于蛛岭村委提供的扶贫统计登记表，调研时该村 96 户 360人尚未脱贫，原因主要有以下三个方面。

一是因病、因残致贫。96 户中，有 51 户存在因病致贫的原因。在这些家庭中家庭成员患有重大疾病，首先，需要常年高额的治疗费用，家庭的财富在治疗中慢慢耗尽，平均每户每年医疗消费为 650 元，占家庭开支的 25％以上；其次，一个家庭成员生病往往需要另一个健康的家

图2-9　蛛岭村某贫困户家屋外景

庭成员常年在家中进行照顾，家庭劳动力无法取得收入，无法保证家庭成员的正常开支。

二是缺劳动力、缺资金所致。96户中，有11户存在缺乏劳动力而致贫的原因，还有12户是虽有劳动能力但不懂技术而致贫。访谈了解到，最后这类人由于没有一技之长，外出打工只能出卖劳动，收入很低且不稳定，导致致富无门、增收无力。

三是先天发展不足。96户中，42户是五保、低保户，这些家庭由于其他各种难以改变的原因导致缺乏自我发展的能力，时常入不敷出，需要政策托底，来维持基本的生活。

从直接致贫原因可见，贫困户中有部分无法依靠自身家庭生产能力的再提升或家庭结构的再调整来实现脱贫，这部分人将依靠政策托底来实现脱贫摘帽的目标。目前的脱贫攻坚战，除了要关注这些需要通过政策托底来完成脱贫的村民，更要关注那些通过各种脱贫政策能够自我脱贫的贫困户，以及已经脱贫的村民是如何脱贫的并且他们的脱贫致富的能力是否具有可持续性。或者说，在帮助未脱贫的贫困户脱贫的同时，要花更大力气去夯实当前已取得的脱贫成果，通过维护、巩固现有的脱贫路径和致富机制，不断强化已脱贫居民的脱贫行为和致富认知，从而巩固、提升已脱贫人群的稳定性，最大限度地降低其返贫的可能性。

第三章

精准扶贫与蛛岭村的社会治理

要想积极有效地解决精准扶贫实践中遇到的各种问题，主要条件之一是形成共建共治共享的社会治理体系。这既需要强有力的社会管理，更需要高度的社会自治，需要政府、基层干部、企业、社会组织等主体的参与。通过实现农村地区的善治，为推进精准扶贫提供良好的社会结构和内生动力。

调研发现，在镇"两委"、村"两委"、帮扶队、社会组织、地方企业等多元主体的参与下，蛛岭村的社会治理格局已初步形成，各方主体在该村的精准扶贫攻坚战中发挥了积极作用，但在治理能力、民主协商、参与程度等方面存在有待提升的空间。

第一节　蛛岭村脱贫攻坚的治理格局

一　镇委、镇政府承担上级代理人角色

乡镇政府作为最基层的政府，承担非常艰巨的任务，各种扶贫项目都要通过乡镇政府分配到村庄中去。因此，乡镇政府上要完成县级政府下派的任务，下要直接面对百姓的种种疑问。很多文献对乡镇干部的角色进行了梳理，从"干部经营者"到"政权经营者"的概念，[①] 再到"代理型政权经营者"（改革前）与"谋利型政权经营者"（改革后）的区分，[②] 及其使用的"软硬兼施"的权力技术。[③]

在蛛岭村所在的营前镇，乡镇财政主要靠上级转移支付，乡镇"两委"更多地充当上级代理人的角色，与上级"讨价还价"的能力较低，因此工作的重心主要放在如何完成上级指派下来的任务上，尽管没有太多的自主选择余地，但是客观上为扶贫政策的落实奠定了基础。

营前镇"两委"在落实上级精准扶贫政策的过程中，与市、县帮扶单位一道组成 10 个驻村工作队，2016 年结对帮扶全镇 1514 户 4207 人的贫困人口。以业务培训、产业发展、金融扶持、易地搬迁、基础设施完善等方面为抓

---

① 张静：《基层政权——乡村制度诸问题》，浙江人民出版社，2000。
② 杨善华、苏红：《从"代理型政权经营者"到"谋利型政权经营者"——向市场经济转型背景下的乡镇政权》，《社会学研究》2002 年第 1 期。
③ 孙立平、郭于华：《"软硬兼施"：正式权力非正式运作的过程分析》，《清华社会学评论》2000 年第 1 期。

手，综合采取光伏、搬迁、就业、教育、金融等扶贫举措以推进精准扶贫工作。业务培训方面，镇"两委"利用周一例会时间，每周安排一个主题，组织专人对扶贫政策进行集中培训，让干部成为行家里手。产业发展方面，建立健全蛛岭村光伏扶贫电站收益分配管理制度，让扶贫电站的收益在阳光下运行，使蛛岭村每一户贫困户能从中受益。易地搬迁方面，在蛛岭高车组新建易地扶贫搬迁安置点，当时已完成土地平整及规划设计；积极引导有劳动能力的贫困户，进城入镇"上楼安置"。基础设施完善方面，不断加大项目资金争取力度，将各项惠农资金项目向贫困村倾斜，贫困村基础设施和公共服务条件得到有效改善。

在镇"两委"的积极推进下，2016年蛛岭村的基础设施"八项指标"全部达标，为象牙、石溪、上湾建立了项目库，并科学有序地推进了道路硬化、改水改厕、公共服务等项目建设。

二　村干部负责扶贫项目的落实

我国行政村的组织机构包括村支部（村中国共产党员支部委员会）和村委会（村民自治委员会）两类组织，简称村两委。在精准扶贫工作中，它们是扶贫项目最终落实的接收单位，村干部在落实扶贫项目中起到了关键的作用。

对于村干部的角色，在"国家—社会"二元框架下，村干部到底是社区的保护者、当家人，[①] 是国家的代理人，[②] 还是兼具双重身份，依然是学术界争论的焦点。蛛岭村委陈书记在访谈中讲到干群关系时说：

> 原来的计划生育与收粮，政府要求村干部强制实施，造成百姓对干部的不信任。现在扶贫政策开展以来，村干部尽心尽力为贫困户脱贫想尽办法，村民对我们干部的看法也逐渐有了改善。

通过落实扶贫的惠民政策，村干部在群众心目中的形象有了极大的改善。

在蛛岭村，村干部的主要工作之一是为村里的贫困户建档立卡，也是村干部们觉得最繁重的一项工作。建档立卡是精准扶贫的重要内容，需对扶贫对象贫困状况、帮扶内容和成效等重要信息进行记录，能为精准帮扶提供"靶标"。[③] 对全村村民进行公正的评估，甄选出贫困户并建档立卡是基层干部扶贫工作的主要内容，也是精准扶贫政策得以落实的重要途径。蛛岭村贫困户的建档立卡是在精准识别扶贫对象之后，把贫困户的家庭基本情况、致贫原因、帮扶责任人、帮扶措施等内容记录在《赣州市脱贫攻坚政策落户"一本通"》上（以下简称"一本通"），并录

---

① 于建嵘：《新时期中国乡村政治的基础和发展方向》，《中国农村观察》2002年第 1 期。

② John R. Watt & Janes E. Sheridan, "*The District Magistrate in Late Imperial China* ", Hisfory: Keview of New Books, 1972.

③ 张建明主篇《中国人民大学中国社会发展研究报告 2016——精准扶贫的战略任务与治理实践》，中国人民大学出版社，2017，第 89 页。

图 3-1 蛛岭村晚上加班的扶贫专干

入全国扶贫系统，联网运行并及时更新，实现贫困户动态调整（见图 3-2）。蛛岭村根据当地县镇"两委"的要求和部署，从 2015 年起实施精准扶贫，对建档立卡贫困户实施"规划到户、措施到户、责任到人"精准帮扶。采取"一村一策、一户一法"等精准扶贫措施。按

图 3-2 赣州市脱贫攻坚政策落户"一本通"

照国家制定的统一的扶贫对象识别办法，蛛岭村根据致贫原因和发展需求，划分了"扶贫开发户、扶贫低保户、纯低保户、五保户"等贫困户类型。2017年，采取按收入倒排、公示公告的方式，逐户开展拉网式摸底排查和精确复核，以收入为依据，设置排除指标，对2014年建档扶贫对象进行再次摸底识别，并纳入扶贫信息网络管理系统。

蛛岭村精准扶贫贫困户识别工作流程为"七步法"，包括"三公示一公告"：（1）村民小组评议（村干部、驻村干部、驻村工作队全程参与村民小组评议会）；（2）组级公示（将村民小组会议评定的对象在组内进行公示，即第一次公示）；（3）村民代表大会审核（召开村民代表大会，对各组评定上报的名单进行评议审核）；（4）村委会公示（将村民代表大会评定的扶贫对象在村内进行公示，即第二次公示）；（5）乡政府复核（乡镇对村评定对象进行评审，评审后在各村进行第三次公示）；（6）县扶贫办评审（乡镇复核无异议后报县扶贫办评审）；（7）村公告（县扶贫办审定后，扶贫对象在各村公告）。

精准识别过程的难点是对申请农户收入的准确测算。国家农村扶贫识别标准为将2015年人均纯收入低于2800元（相当于2010年不变价）的农户确定为贫困户。虽然数字上精准，但实际操作中存在诸多主客观困难。由于很多农户没有记录日常收支的习惯，且不清楚家人外出打工的收入支出情况，他们对家庭的收入支出情况可能并不清楚或存在隐瞒。因此，准确计算一农户的收入对于基层干部来说工作量很大且不易得到真实数据，蛛岭村村"两委"班子在借鉴参考其他地区经验的基础上形成"一看房，二看粮，三看劳动能力强不强，四看家中有没有读书郎"的贫困农户识别"四看"法。每一"看"都有子指标并赋予相应分值。在民主评议中，村民代表对申请农户按照"四看"法进行打分。根据农户分值情况，从高往低排序识别出贫困户。总体来看，村干部在条件许可的情况下能有意识地、主动地与村民们交流、协商，根据建档立卡各项程序，实现了扶贫对象的具体化并建立了动态管理的扶贫对象信息档案，为实现精准扶贫、精准脱贫奠定了坚实基础。

三 驻村干部一对一帮扶

在精准扶贫工作开展过程中，蛛岭村开展驻村干部与贫困村民一对一结对子帮扶计划。大部分驻村干部能深入群众、了解贫困户面对的实际困难，有针对性地给予帮扶措施。通过精准扶贫帮扶到户的实施，力争使被帮扶的贫困户有自我发展和稳定收入的主业，并实现稳定脱贫，达到"七个确保"目标：一是确保贫困户家庭危房完成改造；二是确保符合条件的贫困户家庭被纳入最低生活保障；三是确保贫困户家庭能参与当地的农村合作医疗保障；四是确保贫困户子女接受义务教育不辍学；五是确保考上大中专院校的贫困家庭学生能够顺利完成学业；六是确保符合条件的贫困户劳动力能参加免费职业技术培训；七是确保每一贫困户学会一至两门种养技术或者手工加工技术，提高种养劳动技能。

为做好精准施策，蛛岭村的帮扶工作常态化开展了"765 结对帮扶""332 工作机制"。"765 结对帮扶"指蛛岭村根据县委、县政府领导干部结对帮扶贫困户的工作要求，采取"7+6+5"（即县级领导帮扶 7 户，科级干部帮扶 6 户，一般干部帮扶 5 户）方式对贫困户进行帮扶。帮扶干部周末扶贫日上户开展帮扶工作，根据所结对的贫困户实际情况，制定出具有针对性、可操作性的脱贫计划（即"一户一计划"）。蛛岭村的帮扶干部包括上犹县公安局 32 人、上犹县农机局 8 人、上犹县营前镇政府 6 人、县委副书记 1 人，对本村 278 户贫困户实现帮扶全覆盖。"332 工作机制"，是指全县帮扶干部 3 天时间做业务工作（周一至周三）、3 天时间集中扶贫（周四至周六）、2 天晚上开展"乡间夜话"活动（周四、周五晚上），做到时间、精力"一边倒"，确保时间有保障、工作有落实。"乡间夜话"是采取拉家常模式，干部群众"同照一盏灯、同围一张桌、同坐一张凳、同谈一席话"，通过这种方式把政策宣传到农户家里，一是让农户充分了解扶贫政策，二是可以全面了解贫困户的致贫原因、面临的困难等，更好地因人施策，采取有效的帮扶措施。

驻村干部的一对一帮扶工作，很大程度上实现了扶贫项目、扶贫资金到村到户与扶贫对象的需求匹配，是把扶贫资源由"大水漫灌"转为"精准滴灌"的重要途径。在与村民的访谈中了解到，村干部、驻村干部一对一帮扶得到了大部分蛛岭村村民的好评，一对一帮扶工作拉近了干部与群众的关系，曾经出现过的僵持的干群关系得到缓和，村民对政府的信任度在提高，整个农村社区向着善治的方向发展。

四　社会组织为扶贫脱贫奠定了基础

社会组织作为一种非政府组织，往往能够在群众与干部之间起到沟通的桥梁作用。在村干部的带领下，我们参观了蛛岭村老村部（村部 2017 年初刚搬到新办公楼里，之前的村部被称为老村部）。老村部建在镇上大街上，门口挂着"蛛岭村老年协会"的牌匾（见图 3-3），蛛岭村老年协会由蛛岭村老年协会党小组负责，同时下辖三个组织：蛛岭村关工委、夕阳红文宣队、蛛岭村老年协会。

图 3-3　蛛岭村老年协会

蛛岭村关工委（全称蛛岭村关心下一代工作委员会）曾在 2013 年获得全县关心下一代工作五好关工委称号。在蛛岭村关工委记事本上看到，2005 年至 2013 年，关工委对村里小学、初中、高中阶段学生实施的教育补助记录，清楚地记录着村附近学校每个年级、班级里蛛岭村的学生名单，墙上还贴着关工委假日学校书画班上学生画的彩笔画。墙的一侧是一排书架，书架放满了各类书籍，以青少年读物居多。

　　夕阳红文宣队的主要职责是组织开展文化娱乐活动，对政策进行下乡宣传等。老村部墙上贴着很多文宣队进行政策宣传下乡演出的照片，包括营前镇农村提前发放县级计生奖扶金启动仪式文艺演出、营前镇蛛岭村新型农村合作医疗文艺演出、营前镇新农村建设巡回宣传演出、营前镇深入学习实践科学发展观活动巡回文艺演出、上犹县业余文艺表演、营前第二届农民文化艺术节等活动照片。屋内还有落满灰尘的腰鼓、喇叭、表演服装等演出器具。在 2015 年关于开展"孝子孝女"评选和"不孝子女"曝光活动的通知中，其工作步骤的宣传阶段是：组织"三送"名嘴宣传队、文艺巡演队赴各村（居）、中小学、卫生院、镇机关开展正面典型宣讲，引导广大群众自觉践行孝善礼，争做"孝子孝女"。

　　老年人协会的工作目标主要是在党支部和村委会的领导下，逐步完善老年人组织结构，维护老年人的合法权益，充分调动和发挥老年人自身作用，努力为本村老年人开辟文明娱乐环境，提高老年人的生活质量。老村部的墙上还展示着以往（2013年以前）老年人协会开展的书法展览、老年人表演节目等照片，可见当时组织活动的丰富多彩。

在2015年之前，村部工作的重点主要是村里贫困学生教育补助及政策的执行与宣传，老村部综合活动室也比较热闹，有老人轮流值班，为来借书的孩子进行登记。老人也经常到活动室下象棋、打麻将，文宣队经常组织一些文艺演出，把新的政策编成简单易懂的顺口溜以文艺演出的形式下乡宣传。

不过，随着脱贫攻坚工作的高强度开展，村干部的工作重点变成了精准扶贫各种表格的填写，"根本没有空闲时间去协助搞这些娱乐活动，加上村部搬迁，老的退休干部已经离开，没有新的退休干部接替这些文娱组织活动，现在基本上没有什么集体活动了"。村委陈书记在访谈中说："蛛岭村在文化一块比较欠缺，百姓以个人生活为主，集体活动比较少。我们以前主要是老年艺术团下乡演出，还有放电影，丰富一下文化生活。不过，精神文明一块还是比较滞后的，要从文化方面改变思想。"

鉴于村民对社会组织的知晓度能反映社会组织的真实影响力，问卷调查询问了受访者村民："本村或临近有没有文化娱乐或兴趣组织"，结果显示，51.6%的受访居民表示本村或临近有文化娱乐或兴趣组织，29.4%表示没有，而19.0%表示不清楚。在所有回答本村或临近有文化娱乐或兴趣组织的贫困户与非贫困户中，只有1户贫困户参加了文化娱乐或兴趣组织且该户对参加活动的频率也不清楚。

表 3-1　2017 年蛛岭村受访者对社会组织的知晓度

单位：%

知晓情况	所有受访者（N=63）	贫困户（N=33）	非贫困户（N=30）
有	51.6	51.50	51.70
无	29.4	24.20	34.50
不清楚	19.0	24.20	13.80

纵贯来看，社会组织在蛛岭村的社会治理中发挥了作用，为精准扶贫的开展奠定了一定程度的工作基础。在精准扶贫政策还未实施时，关工委及老年协会承担了一定的扶贫工作，在群众与干部之间起到了沟通的桥梁作用，有助于营造和谐社会。但随着精准扶贫工作的开展，这些组织开展各类活动的频率反而减少，一方面是因为"老的退休干部"离开后，没有"新的退休干部"接替工作；另一方面是因为现任村干部的工作重心在精准扶贫各项事务上，没有精力协助、支持并推动这些社会组织开展各项活动。

五　农村淘宝店、制衣厂等社会企业助力扶贫

（一）农村淘宝

农村淘宝，是阿里巴巴和县政府共同搭建的县村两级电子商务服务平台，旨在通过搭建县村两级服务网络，充分发挥电子商务优势，突破物流、信息流的瓶颈，实现

"网货下乡"和"农产品进城"的双向流通功能，增强对外商业合作、促进当地经济发展。[①]

对于农村地区来说，农村淘宝是一种在本地现有条件下能够建成的新兴商业模式。在蛛岭村所在的营前镇有五六家"农村淘宝"店（见图3-4）。通过与镇上某农村淘宝店钟掌柜访谈了解到，他的农村淘宝店主要提供商品代购、话费充值、快递收发（2公里免费）、代买火车高铁飞机票等多项便民服务。其宗旨是"售后有保障、服务农村、创新农业、让农村更美好"。其货架上有些土特产品是村民自己生产的，比如村民自家的蜂蜜，掌柜依托自己淘宝店的人脉圈子把村里的土特产品推销出去，同时农村淘宝也有网上平台，不同地区的农村淘宝的掌柜可以把

图3-4 营前镇农村淘宝店

①　凤凰财经:《阿里巴巴启动千县万村计划　在三至五年内投资100亿》，2014年10月13日。

自己所在地的产品信息录入平台内，供各地有需求的人购买，从而实现贫困地区土特产商品的流通。

据钟掌柜介绍，除了搭建农村淘宝店，阿里巴巴在当地也有一些扶贫政策，比如，针对一些贫困的老百姓，递交的申请通过审核后，阿里巴巴会给他们送摩托车等物资。针对没有工作的人，阿里巴巴也会在收到他们的申请后，帮助他们填写资料，交给那些愿意招募员工的农村淘宝店主，同时也把工作信息推荐给没工作的人。

作为农村的新兴商业模式，农村淘宝对蛛岭村的经济发展有一定的助力作用，但由于当地村民转变传统观念、接受现代电子商务模式的理念养成需要时间，其助力的效果还不是特别明显。钟掌柜在访谈中说道："我回乡创业、开淘宝是本着能够照料到我的家人，同时也是一个服务村民、为村民省点钱的想法，对于我们乡下来说，这是一条全新的商业道路，能够帮助我们村民与外界互通有无，加快本地经济发展。但是由于村民对电子商务了解少，信任度低，农村淘宝在本地发展没有想象得好。"

（二）扶贫车间

扶贫车间，主要是指以扶贫为目的，设在乡、村的来料加工车间。它以带动脱贫为宗旨，解决农户尤其是贫困户就近就业问题。"安与源制衣扶贫福利厂"是营前镇一家私营企业，制衣厂曾老板前些年在福建某制衣厂打工，负责管理制衣的培训班，掌握经验后，返乡创业开办安与源制衣厂，常年生产国内外订单，包括生产校服、酒店制服、工作服、职业服装系列以及贴牌加工业务等。同时，安与源制衣厂承担支持镇上扶贫车间的功能，为贫困户村民提供工作机会。贫困户村民在扶贫车间工作，每个月能够从政府那里得到工资的50%的补贴〔补助最高不超过300元/（人·月）〕，同时扶贫车间老板也可以得到政府给贫困户补贴金额的20%〔最高不超过150元/（人·月）〕，另外，政府还给扶贫车间老板补贴厂房租金，每月补贴租金1500元。

我们了解到，安与源制衣厂扶贫车间共吸纳贫困户员工10人，员工进行衣服加工的流水线工作，工资计件核算。逢年过节会给员工发一些福利。比如，中秋节时给员工发一盒月饼；员工在制衣厂工作的时间相对自由，孩子放学后可以到厂里找她们，可以在厂里写作业；如果晚上需要加班，还提供晚饭；工作时间自由，上下班较近、方便，又可以接送孩子上下学等，让贫困户工作挣钱的同时也能照顾家庭。

在营前镇还有另外几个扶贫车间，但安与源的规模相对较大，提供的待遇也相对好一些，招收的贫困户人员数也相对较多。这些扶贫车间对当地贫困村（包括蛛岭村）的扶贫脱贫工作起到了一定的推动作用。

不过，贫困户中在扶贫车间上班的人数占比并不高，原因有两方面。首先，贫困车间规模有限、提供的待遇也有限，只有那些希望就近就地务工、需要灵活工作时间的贫困户才更愿意选择到贫困车间就业；其次，扶贫车间的工作有一定的技术含量，往往是技术含量越高则工资待遇相对越好，没有技术或无法很快掌握技术成为部分贫困户

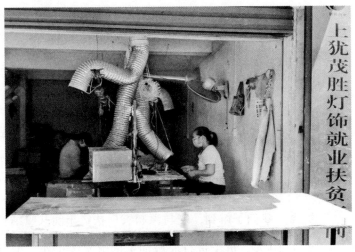

图 3-5　扶贫车间女工

想到扶贫车间工作却无法顺利就业的主要障碍。在这一点上，政府相关部门如能针对本地企业的技术需求为贫困户提供技术培训，使贫困户掌握一定的技术本领，能更好地发挥扶贫车间的作用，也许能更有助于贫困户靠自身力量从根本上摆脱贫困。

第二节　社会治理的结构化难题

我国在精准扶贫战略实施过程中，贫困治理的多元参与格局已初步形成，但是由于种种原因的限制，仍然存在一些不足。主要表现为：扶贫由政府自上而下主导；社会力量参与脱贫攻坚的空间有限；贫困群体在反贫困项目中的内生性发展不够。这些不足成为中国脱贫攻坚的结构化难题，在一定程度上影响扶贫效果的可持续性。

一 脱贫攻坚中基层政府在主导扶贫项目

在我国反贫困实践中，各级政府对整个反贫困工程具有很强的主导作用。这种自上而下的体制力量在很大程度上推动了扶贫项目的顺利进行，彰显了政府扶贫的责任担当及其强大的资源动员能力，但带来的潜在问题是，政府很可能包办了所有的扶贫项目，在扶贫项目的审批、扶贫项目的准入、扶贫项目的资金分配等方面缺乏灵活性，加上自上而下政策自身设计的"封闭性"，扶贫对象、社会组织等难以获得充分的参与空间和协商机会。

蛛岭村的扶贫脱贫工作也存在一定程度的这类特征。基层政府决定了扶贫资源、扶贫项目的分配，以自上而下的行政力量主导了蛛岭村的扶贫工作，没有充分或者说难以充分地运用社会、市场、村民的力量。

例如，蛛岭村光伏发电项目，项目总投资 520 万元，建设 700KW 蛛岭村光伏扶贫发电站，成立村级光伏产业合作社。整个项目的运营管理几乎都由村"两委"全权负责，贫困户缺乏参与管理运营的机会和意愿，只盼着年底的分红收益。村委提供的资料显示，发电站于 2017 年 5 月并网发电，当年产生效益 30 万元，效益分配覆盖全村贫困户，惠及贫困人口 806 人，当年为每户贫困户带来 2600 元左右的收入。光伏发电产业作为村集体产业，给贫困户带来了良好的经济收益，有效做到了资产收益兜底脱贫。但同时需要思考的是，这种"输血"的扶贫方式尚未能调动贫困户参与脱贫的主动性，他们年底得到了光伏项目的分红收入，基本仍属于补助资金式的扶贫，授人以鱼而非授人以渔。由于光伏扶贫项目尚未能实现真正的"造血"功能，尤其等到光伏板寿命到期时，其承担的扶贫功能就难以再续，脱贫效果的可持续性有待检验。

政府在扶贫实践中的单一责任角色，还会带来另一个问题：随着2020年脱贫攻坚期限的逐渐逼近，基层政府的扶贫干部面临扶贫任务越来越重、扶贫压力越来越大、扶贫工作边界不清晰、责任与权利不对等情况，导致扶贫干部的休息时间偏少，身心健康状况不甚良好。调研时发现，多数干部最近一周每天或者经常感受到过身体很累、工作压力很大以及想好好地休息几天，而感受到充满动力、生活很幸福的程度并不强烈。在扶贫攻坚工作当中要对扶贫干部的身心感受给以充分的重视，这不仅事关扶贫工作的有效开展，更事关扶贫干部的身心健康。

二 脱贫攻坚中社会力量的参与度有待提高

作为脱贫攻坚战参与主体，社会力量起到了不可替代的作用。它是一种具有自发性、民间性、非正规性的社会组织或关系网络，是连接政府与个人的纽带，起到协调、沟通或处理两者之间利益的作用。社会力量能否积极有效地参与扶贫项目的实施和评估，对扶贫项目的实施效果和绩效具有非常关键的作用。①

不过，在我国有些地区的反贫困工作中，社会力量的参与度仍显不足，蛛岭村也存在类似问题。比如，一些由政府主导的扶贫项目在设计时并没有委托第三方专业机构、社区组织、民间团体或具有专业背景的专家团队进行评估。社会力量在反贫困需求评估上的缺位，导致部分由政府主导的扶贫项目存在先天不足。

同样，在扶贫项目的申报、实施及评估环节，社会力量缺位的情况也存在。例如，蛛岭村的金融扶贫项目规定贫困户可以申请由政府提供贴息的贷款，最多五万元（三年免息），用于发展鸡、鸭、鱼等养殖产业脱贫致富。这本来是一件激发贫困群体自力更生、艰苦奋斗，激励脱贫致富决心的好政策，在政策实施初期贫困户通过养殖得到了收益，但随着参与人数的增多，市场的供求关系发生变化，导致参与养殖的部分贫困户不仅没有收益还出现亏损，贫困户的参与热情被削减。这类对市场变化非常敏感的扶贫项目，需要专业人士根据当地自然资源因素、人文环境、当地市场环境的变化对项目可行性方案做出恰当的、客观的调整。此外，扶贫项目的增益与其技术含量呈正比，增益越大，所需要的技术难度越高，这意味着在精准施策时有必要对不同的扶贫项目、贫困户的能力进行匹配度评估，并根据评估结果提供相应的技能培训或技术支持。但在问及金融扶贫的效果时，贫困村民胡某反映："贴

① 张建明主编《中国人民大学中国社会发展研究报告2016——精准扶贫的战略任务与治理实践》，中国人民大学出版社，2017。

息贷款政策很好，但是部分贫困户贷款后没有去发展产业，而是拿去盖新房、吃喝玩乐去了。根本没有人管。"很显然，扶贫项目的申报、实施和评估工作仅靠基层政府有限的人力是难以完成的，需要社会力量的参与来提升各项扶贫项目的实施成效。

再比如，蛛岭村产业扶贫项目的验收程序是由贫困户对应的帮扶干部上户进行产业验收，需结对帮扶干部本人、驻村干部、包片干部、贫困户本人等四人以上到场进行实地验收。验收时，需留下测量验收图片影像，图片中必须包含以上提到的所有至少四位人员。这样的程序设置是在尽可能地确保验收的产业扶贫项目的实施真实性，但在实际操作中仍存在一些项目出现弄虚作假的情况，其中有部分原因就在于专业性较高、独立性较强的社会力量没有被纳入扶贫项目的评估和验收环节。

三 脱贫攻坚中贫困群体的主体性有待提升

在基层反贫困实践中，要激发贫困群体脱贫的内生性动力，即"扶贫先扶志"。但在脱贫攻坚过程中，贫困群体的主体性诉求和积极参与发展的权利往往被忽视。在资源下乡、项目进村的过程中，对于选择发展什么、谁在发展、如何发展、发展效果怎么样，贫困群体的参与往往流于形式，其并没有实质性的决定权。[1]

---

[1]　张建明主编《中国人民大学中国社会发展研究报告 2016——精准扶贫的战略任务与治理实践》，中国人民大学出版社，2017。

在蛛岭村，贫困治理工作中也存在类似不足。不管是政策性的扶贫项目、基础设置类建设项目还是产业发展类项目，从项目资源的申请、资源分配到项目实施、验收评估等环节，贫困群体几乎处于被动参与的状态。很多产业发展型项目是由政府决定的，贫困群体缺乏选择并决定"发展什么"以及"为什么要发展"的权力，表现出较强的被动性和不确定性。但在市场化社会中，发展某项集约化、规模化的产业项目受很多因素的影响，一旦项目不符合当地的自然环境、社会环境、实际需求及承受力，就会遭遇巨大的社会风险与市场风险，甚至会增加贫困群体生存的社会风险。

在调查的贫困户中，18户有传统养殖、种植产业，但这些贫困户家庭对传统养殖、种植产业扶贫项目的效果并不太满意。在这18户家庭中，只有6户对项目的效果满意，其余12户均表示不同程度的不满意。在养殖、种植产业开展的过程中出现了不少问题。贫困户黄先生谈道：

> 以前自己家就是养十几只鸡，用来下蛋吃，即使出现鸡瘟，鸡死了也没有太大损失。现在政府说养50只以上就可以有500元的补贴，我就去集镇上买了60只小鸡仔，本来我们家就不富裕，家里的空间也不大，我很小心地喂，等再长大一点就可以拿去卖了，一场鸡瘟，死了大半，补贴也没给我发，说数量不够，这不是骗人嘛，早知道我就不养这么多了。

此外，戴某也谈道：

> 我去年买了三头小牛养，给补了 5000 块钱。本来没想养这么多的，我以前养牛，也就是养一头、两头。这不是我看那个本子上写养一头牛，买的时候给补助 1500 块钱，三头牛给补助 5000 块钱。现在养牛不好养，这一片都是水稻，不能随便放，得给牛割草，我现在老了，割不动，每天出去割三头牛的草，累人。去年养牛还可以，今年不行了，养牛赔本……我们这个地方山多，外边收牛的也进不来。现在这附近养牛的也多，收牛的也不缺牛收。可是你算算，这一来一回，养牛根本就赔钱。买的时候要贵，卖的时候又便宜，赔钱赔钱呀，我这一年的人工全搭在这三头牛上了。

对此现象，村干部叶某龙一脸无奈，

> 养鸡、养鸭，本来就是老表[1] 在做的，政府即使不给钱，他们也会养，只不过因为有数量的要求，多养一点，就可以领到一定的补偿。但是，现在成了政府要老表们养的了，鸡得病死了反而骂我们让他们养。

在叶某龙看来，农户自己养家禽时，也会出现死亡，但是不会怪政府，可由于是政府给钱鼓励他们养殖，出问

---

① 本地为客家文化，称呼老乡为老表。

题就归咎于政府了。

　　贫困户对帮扶贫项目不满意的现象，究其原因有两方面。一是贫困群体在脱贫攻坚中的主体性诉求与主动参与发展的权利被忽视。贫困户没有参与这些项目的评估和决策，使得项目本身可能并未能满足贫困户的真实需求，并且缺乏协商机会的贫困户无法根据实际情况对项目内容做出适当、及时的调整。

　　二是贫困群体没有参与扶贫项目的决策和评估过程，没有真切地发挥主观能动性，自我效能感不足，导致对自身享受到的扶贫政策感触不深、缺乏认同。调研发现，有部分贫困户尽管已经享受了医疗等方面的扶贫政策，在看病、购买新农合等方面都得到了极大优惠，但并不认为自己享受了扶贫政策，直到扶贫干部帮其仔细比对成为贫困

图3-6　蛛岭村"一本通"里的健康扶贫记录

户前后的医疗报销单、新农合筹资收款收据等单据时，贫困户才意识到扶贫政策对自己的实际帮助（见图 3-6）。

因此，在这一问题上，应鼓励基层政府权力下放，给贫困群体更多的选择和参与发展的权利，进而使扶贫项目真正满足他们的现实需求，同时也能使他们更好地理解、感受和认同相关扶贫政策。

第四章

精准扶贫与蛛岭村的劳动力转移就业

在城乡二元结构的大背景下，农村劳动力转移在很大程度上是当前我国农村发展变迁的动因之一，是有效实现贫困治理的重要内容。习近平总书记在《中共中央关于制定国民经济和社会发展第十三个五年规划的建议》的说明中指出，通过实施脱贫攻坚工程，7017 万农村贫困人口脱贫目标可以实现，到 2020 年通过转移就业可以解决 1000 万人脱贫。可见，转移就业脱贫人口占到全部贫困人口的 1/7。

进入蛛岭村调研时，上犹县的就业扶贫工作开展得如火如荼，贫困现状得到显著改善，其中实现贫困劳动力转移就业脱贫 6829 人，^① 建设扶贫车间 36 个，有效促进了

---

① 资料来源于上犹县政府网站，截至 2017 年 7 月底，主要是指县内转移就业人数。

劳动力就地转移就业。蛛岭村的劳动力转移就业也在进行中，取得了一定的成绩。但在肯定成就的同时，我们也看到上犹县及蛛岭村在劳动力转移就业的过程中仍存在有待改进的问题，具有很大的提升空间。

第一节 蛛岭村劳动力转移就业情况

一 蛛岭村劳动力基本状况

蛛岭村有劳动力人口2536人。从外出务工状况来看，86%的农村劳动力选择到省外尤其是沿海地带从事劳动力密集型工作，如在浙江、福建和广东一带的建筑、服装等行业从事工作，平均务工时间10个月，平均月工资2300元。

从平均日工资来看，蛛岭村贫困人口与非贫困人口在外出务工的工资上不存在显著差别，平均在80~100元/天，整个村的劳动力外出务工主要从事低端产业工作。在本地务工虽有政府补助，但与非贫困劳动力日工资差别不大，平均30~50元/天。

从受教育程度来看，劳动力整体受教育水平较低，以初中为主。值得注意的是，女性劳动力的平均受教育水平相比男性更低。从培训情况来看，随机抽取的30户贫困户中无一户接受过职业培训，当然这可能存在一定的调查误差。从村委提供的统计数据来看，接受过职业技能培训的共 381 人，接近劳动力总数的 15%，表明蛛岭村劳动力整体参与职业技能培训的比例偏低，培训功效有限。

蛛岭村共有建档立卡户 278 户[①]，计 956 人，贫困户绝对数较大。此外，蛛岭村的贫困人口中低保户有 296 人，残疾 87 人，五保老人 20 人，是兜底脱贫工作的重点对象。这表明蛛岭村贫困人口较多，脱贫工作难度较大。不过，蛛岭村建档立卡户中劳动人口约为 400 人，占建档立卡户总人口的 42%，转移就业脱贫有着实际基础，即部分贫困家庭里有劳动力可进行就业转移。

二 农村劳动力转移就业实践

蛛岭村农村剩余劳动力转移就业是在全国劳动力转移就业的大背景下展开的，主要发展阶段与全国基本相同。改革开放以前，我国长期实施城乡二元管理体制，尤其是严格的户籍管理制度阻碍了劳动力的城乡之间流动，完全将农民就业限制在农业和农村，除参与农业生产队和社队工业外，农民几乎没有其他的转移就业（非农就业）机会。改革开放后，国家的社会经济形势和体制发生了深刻的变化，伴随着农村和城市经济体制改革、对外开放政策的普遍推行、户籍管理制度改革以及其他社会管理制度的改革，欠发达地区农村的剩余劳动力开始由农村、农业部

---

① 数据由蛛岭村村委提供，统计时间截至 2017 年 9 月。

门向城市、非农部门转移，并且转移数量日益增加，转移规模日益扩大。进入深化改革阶段后，精准扶贫精准脱贫工作逐步全面展开。在扶贫政策背景下，促进劳动力的转移就业成为区域协调发展、城乡统筹发展、实现建设全面小康社会的重要战略路径。

在这样的大背景下，蛛岭村所在的上犹县委、县政府积极贯彻落实扶贫政策，推动农村剩余劳动力转移就业，通过建设扶贫福利厂、与工业园区联姻、提供公益性扶贫岗位、组织就业培训等方式鼓励和引导蛛岭村等周边农村地区剩余劳动力转移就业。在具体实施过程中形成了极具特色的"6+1"模式。

（1）以"工业＋贫困户"模式，引导灯饰、服装等劳动密集型企业，利用乡村闲置房屋创办就业扶贫车间，帮助贫困人口就业创业；（2）以"农业＋贫困户"模式，通过建立农业基地招聘农村人口集中上班和将基地的常规品种分发到农户家中种养并举的方式，帮助贫困户就业创业；（3）以"能人＋贫困户"模式，通过农村能人建立建筑队、家庭服务业等非正规就业组织，聘用农村劳动力从事建筑、家庭服务，促进贫困人口就业；（4）以"专岗＋贫困户"模式，整合开发乡村公路养护、农村保洁等扶贫就业专岗，在脱贫攻坚期间，确保每个贫困村开发5个以上扶贫就业专岗用于安置贫困人口就业；（5）以"小微企业＋贫困户"模式，通过产业链招商引进小微企业打造小微企业创业园，建设工厂式就业扶贫车间，帮助贫困人口就业；（6）以"合作社＋贫困户"模式，通过农村种养大户等成立新型农村合作社，利用当地优势产业或集体经济，吸纳和鼓励农村劳动力就业创业。

上犹县通过着力打造"6+1"就业平台，逐渐确立了一套扶贫工作机制，既解决了劳动力尤其是贫困劳动力"挣钱顾家两不误"的需求，又缓解了企业发展面临的用地用工问题。一是着力解决了县内就业空间有限、平台数量不足的问题，使因各种原因"被迫"滞留在县内的部分劳动力能够就地转移就业；二是解决了链接机制问题，通过政府有限资金的投入带动社会资金的持续注入，将经济效益与贫困户深度联结，有效吸引了民间资本参与扶贫；三是着力解决了贫困群众的就业能力问题，借助职业教育平台的理论训练与实际操练，在一定程度上提升了贫困人口的人力资本，为后期脱贫效果的巩固打下了坚实基础。

截至 2017 年 7 月底，上犹县已建设农业就业基地 16 个，帮助贫困人口就业创业 1386 人；建立非正规就业组织 10 个，帮助贫困人口就业 300 余人；开发就业扶贫专岗 580 个，帮助贫困人口就业 500 人[①]。上犹县在促进劳动力转移就业的过程中重视发挥基层的就业平台作用，做好家门口就业的服务工作。扶贫车间是上犹就业扶贫的亮点所在（见图 4-1）。县政府通过支持企业吸纳贫困户就地工作的方式推动贫困户脱贫，如给安与源制衣扶贫福利厂 5 元 / 平方米的房租补贴、补贴制衣厂贫困户工资的 50%〔300 元 /（人·月）封顶〕。在大力推进劳动力本地转移

---

① 引文来自网易新闻：http://news.163.com/17/0830/04/CT2DSBJH00018AOP.html。

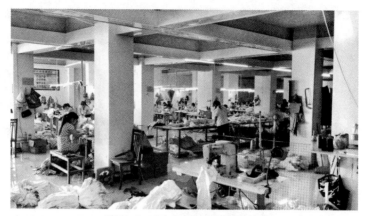

图4-1 安与源制衣扶贫福利厂

就业的同时，上犹县政府也积极联系广东等地企业来县内招工，满足农民外出务工的需求。

蛛岭村劳动力转移就业扶贫是上犹县的一个典型代表。蛛岭村人多地少，现代化农业机械难以大规模开展，村民难以依靠务农实现自身发展，因此较早就出现了"剩余"劳动力转移就业的现象。自精准扶贫政策实施以来，为了促进脱贫工作的进行，增加贫困农户的收入，蛛岭村"两委"更加注意引导和促进有条件的贫困户实现转移就业脱贫。首先，积极支持引导本村剩余劳动力实现省级转移就业。蛛岭村2016年共对外输出劳动力1100人，其中965人流入省外务工，主要流入广东、福建、云南等地。在调查中发现，大部分拥有劳动力外出就业的贫困户都相继退出贫困户序列，但脱贫不脱政策，仍继续享受扶贫政策至2020年。其次，充分依托上犹县的"6+1"模式，推动本村劳动力在县内实现转移就业。如安排留守妇女进入福利制衣厂。由于无法获取建档立卡户中劳动力的精确转移情况，我们只能通过对村干部和部分贫困户的访谈获取相关信息。据蛛岭村村委陈书记介绍，村里建档立卡劳动力流出到省外的主要原因是省外工资较高、能够较快脱贫，只有部分需要照顾家庭成员的劳动力选择在省市内或家门口就近就业。这与蛛岭村整体劳动力流动的特征相符。

总的来说，在市场经济条件下，农民生存和发展的有效途径之一是通过市场化就业获得相应收入以满足自身需求。蛛岭村人多地少，人地矛盾突出，农业吸纳劳动力的能力有限。此外，该村农业现代化程度较低，无法进行大规模农业生产，农民的农业收入有限。在此背景下，蛛岭村把劳动力的转移就业作为贫困户脱贫致富的有效手段之一，力争实现劳动力转移就业由盲目流动向有序流动转变。蛛岭村"两委"积极学习上级政府关于精准扶贫的政策精神，结合自身实际将劳动力转移就业视为本村脱贫的重要手段，积极帮助剩余劳动力实现转移就业。上犹县蛛岭村作为连片贫困地区的典型贫困村，其扶贫脱贫实践具有典型意义。

第二节　劳动力转移就业的制约因素

"十三五"期间，蛛岭村的转移就业工作取得一定成果，但仍存在一些问题和困难，涉及农户自身认知度不足、转移就业存在局限、转移就业带来负面影响等。

一　农民对劳动力转移就业政策认知度不足

蛛岭村劳动力转移就业的热情高涨，但对就业扶贫政策认知不足，体现在自发"外出务工"主要依靠私人关系完成，即蛛岭村村民以自发随机或跟随老乡一起进城务工的方式为主。在当前就业背景下，管理规范、规模较大的企业或用人单位大部分是通过在城市正规的人力资源市场发布用工需求信息，求职者则需要能够及时接触和了解该信息，才能完成劳动力就业市场的对接。但实际上，大部分欠发达地区农村的劳动力人口很难接收到这类信息，或只能片面地接收信息，从而只能转向依靠亲朋好友等私人关系介绍外出务工。诚然，这种自发随机式的外出务工方式在一定程度上降低了外出务工的难度，然而也会造成一系列的后续问题。通过访谈了解到，由于一些村民跟随亲朋好友等外出务工前并没有机会接受专业的就业指导和培训，也没有提前对自身的工作适应性做出理性评估，具有一定的盲从性，因此常遇到工作不适应而重找工作、就业权益受到伤害等问题。一些外出务工的村民会在遇到困难的时候选择回家待一段时间，然后通过联系同乡或者外面的朋友重新寻找工作。

二　劳动力转移就业培训机制存在不足

在劳动力转移就业的过程中会出现工资水平低、工作不稳定等现象。在蛛岭村的实地调研中，不少农户反映外出打工越来越难，工资只能维持家庭基本生活需要，对脱贫致富的效用在逐步减弱。造成这种现象的主要原因有以下两点：一是农民工技能的技术含量较低，大部分在接受完初中教育后就外出打工，多从事制造业、建筑业等劳动力密集型产业工作，工资水平低；二是蛛岭村外出劳动力主要流向沿海地区，消费水平较高，在满足了基本日常生活需要之外，工资难以结余。

针对上述现象，上犹县政府利用专项资金开展就业培训，形成以"订单培训""技能下乡"等为代表的特色培训方式，旨在以此促进贫困户就业。但在调研中发现，现存的就业培训机制起到了一定的作用，但要使培训发挥更明显的作用存在困难。首先，部分农民对培训工作认识不足，不能积极主动地参与到培训中去，加大了培训难度。我们通过座谈了解到，现在农村贫困户开始出现福利"养懒汉"现象，一部分具备劳动能力的贫困户不去参加任何培训，也不出去务工，依靠国家的扶贫补助来生活。其次，农民对培训的期望收益太高。一些农民希望培训效果能够立竿见影，能够给他们带来当期回报，然而由于机制体制尚不健全以及一些外部因素的限制，培训并不能完全满足他们的期望。在这种情况下，部分农民就认为培训没用，不愿意参加培训，进而阻碍了培训的推进。每年营前镇都会组织一批农民去县里进行培训学习，但结果往往是能够坚持下来的并不多。另外，现存的培训内容比较单一，多以制造业培训为主，如当地的装饰培训，实际上农村劳动力还是处于产业链的底端，继而能够在大城市获取较好工作的可能性较低。

此外，用工单位重使用、轻培训。为了实现劳动力和资本的最佳配置比例，用人单位招工时往往偏向那些符合招工条件的劳动力。如安与源制衣厂是上犹县的重点扶贫车间，但在走访中发现其基本上没有相关培训，在招工时直接招聘技能成熟的劳动力。当然，扶贫车间也会招聘一些没有任何技能的农村劳动力，但这部分人往往从事一些不需要任何技能的工作，如剪线头等。从某种意义上来说，缺乏技能的农民实质是被排除在外的。最后，还存在培训时间短、农民接受能力有限等问题。

三 特殊群体的就业难问题

不同于乡镇企业的基层就业，蛛岭村劳动力还存在另一种形式的基层就业：打零工。近年来，蛛岭村在推进农村扶贫工作时，开展了诸如异地搬迁、道路建设等工程，产生了基建等方面的用工需求，这为农村劳动力的转移提供了就业空间。然而，这种就业是短暂性的，并不能够带来稳定的收入。

黄先生，现年50周岁，因在家照顾妻子和孙子而不能外出务工。黄先生妻子多病，部分丧失劳动能力但具备完全自理能力，因此仅需要专人陪伴以防止应急事件发生。同时黄先生儿媳妇身体欠佳，只能够从事部分简单工作，继而只能够维持自己的基本生活，全家生活来源主要靠儿子支撑。前几年，蛛岭村推行异地搬迁等工程，黄先生可以在镇上（村里）获得一份临时性工作，每天能够获取 50~60 元报酬，从而维持基本生活。自从改造项目结束后，黄先生也就失去了工作，家庭经济困境加剧。

黄先生实际上代表了蛛岭村部分劳动力的现状。他们并没有因为年老力衰或身体原因而丧失劳动能力，而是因某些特殊原因，如带孙子、照看家人、劳动时间有限等而不得不退出外出就业的劳动力市场。他们是被动留下来的农村劳动力，回到农村以后可能会首先进入当地的人才市场，试图通过打"零工""短工"的方式来获取基本收入，同时兼顾家庭。这种就业方式不稳定，权益没有保障。

值得注意的是，这一部分人与上述在电子厂或者服装厂工作的就地就业的劳动力存在显著差别。在服装厂或电子厂就业的人口呈现明显的性别特征，多以女性为主，而且以 30~40 周岁的女性为主。对于以黄先生为代表的 50 周岁以上仍具有劳动能力的人来说，他们早期在外务工，多从事建筑、制造行业等，积累了一定的经验和技术，是特定行业的成熟劳动力群体。然而，当他们回到农村后，由于乡镇企业工作种类的限制而无法顺利实现转移就业，最终造成人力资源的浪费。

四 农村劳动力转移加剧了农村留守现象

随着城镇化的不断推进，农村剩余劳动力尤其是青壮劳动力流出速度不断加快，流出规模日益扩大。这在加快我国城镇化建设的同时，也破坏了农村原有的家庭结构，形成农村留守现象，较多见于留守儿童、留守老人和留守妇女，其中留守儿童的成长需要高度关注（见图4-2）。

由于农村青壮年劳动力大量转移，且又无法在流入地获取较好的经济条件，他们的孩子只能留守农村。成长过程中缺失了父母的陪伴，在一定程度上会对孩子的心理健康造成影响。从村委陈书记那里了解到，村里留守的孩子虽然有专门的托管班，但是仍弥补不了孩子和父母长期分离造成的感情缺失。陈书记向我们举例当地一位留守儿童因为长期得不到父母的关爱而变得易暴，最后被送进精神病院强制治疗。在入户访谈过程中，我们也遇到好几位留守儿

图4-2 蛛岭村水渠里玩耍的孩童

童，他们流露出对父母的思念、对父母不能陪伴的伤心、对其他随迁同伴的羡慕，反映出留守儿童问题不容忽视。

儿童的成长本身具备不稳定性，父母的情感呵护在其成长过程中难以替代。一旦缺失就可能会改变儿童的人生轨迹，产生社会不愿意看到的后果。因此，在推进农村劳动力转移的时候需要适度考虑到留守儿童现象，特别是促进贫困户转移就业脱贫时应尽量减少对家庭完整性的破坏，需加大制度设计、更好地预防这种情况的出现。

五 劳动力转移对当地农业形成冲击

蛛岭村的劳动力转移就业脱贫工程对当地的农业形成了一定程度的冲击，表现为蛛岭村劳动力"过度"转移，村庄呈现老龄化和空心化特征。

农村劳动力的"过度"转移是与城市化发展有着密切关联的。首先，农村劳动力外出就业已经成为一种趋势，且长期外出已经使其不再愿意从事农业生产，甚至失去农业生产的能力，这一点在新生代农民身上表现得较为明显；其次，上犹县农村人多地少，地理环境决定其难以开展规模化农业，农业生产的经济产值有限，同时农业靠天吃饭不稳定，因此要依靠外出务工获取收入，继而增强家庭抵御风险的能力；最后，众多长期外出务工的农民已经适应和融入城市生活，而农村基础设施、文化环境等已无法满足其需求，继而不愿意在人生早中期回到农村务农。

蛛岭村劳动力转移影响了当地的农业生产。调研发现，部分农户已经开始出现抛荒现象，这对于土地资源相对紧张的蛛岭村而言应当引起重视。首先，外流以青壮年劳动力为主，他们的平均受教育水平高于留下来的农村劳动力，这可能直接导致农村创新的主体动力不足，对新耕种技术及机械的内生需求不足。蛛岭村的农业生产主要依靠中老年村民，他们相对更多地依靠传统的农业生产方式，而对新技术的接受能力有限。其次，由于承担了农业生产和照顾子孙的双重责任，大部分的中老年村民会通过减少农业生产来降低负担从而造成土地资源的闲置。蛛岭村位于江南丘陵地带，虽难以发展规模化农业，但水热条件优越，水稻可以一年两熟。然而，村民反映现在已经没有农户一年种两季，一方面是农业收入低，另一方面是劳动力外出造成劳动力不足。蛛岭村农作物的"双改单"现象并非个例，这个现象值得重视，有待深入研究。

总体而言，蛛岭村在转移劳动力就业脱贫过程中的成绩是有目共睹的，是广大基层扶贫干部、村"两委"成员和村民共同努力而取得的成果。然而蛛岭村在劳动力转移就业过程中所存在的一些问题也需要引起我们的重视，这并不是蛛岭村的个别现象，有可能是整个上犹县乃至江西省欠发达农村地区劳动力转移就业问题的缩影。此外，除了所述内容以外，还需要充分考虑到2020年以后劳动力转移就业政策的衔接工作，使劳动力转移、城镇化发展和美丽乡村建设能够具备长期性与稳定性，以保障欠发达地区农村剩余劳动力的权益。

第五章

精准扶贫与蛛岭村的产业扶贫

我国扶贫的重要特点是以开发式扶贫为主，社会保障作为补充。开发式扶贫就是要创造条件让贫困户增强能力，自己能创收，从而改善自己的生活水平。产业扶贫无疑是开发扶贫和精准扶贫的核心所在，从中央到地方都在积极地推行、落实产业扶贫。2016 年 5 月，农业部等九部门联合印发的《贫困地区发展特色产业促进精准脱贫指导意见》指出，发展特色产业是提高贫困地区自我发展能力的根本举措。产业扶贫涉及对象最广、涵盖面最大，易地搬迁脱贫、生态保护脱贫、发展教育脱贫都需要通过发展产业实现长期稳定就业增收。①

---

① 农业部等九部门联合印发《贫困地区发展特色产业促进精准脱贫指导意见》，人民网，2016 年 5 月 26 日，http://politics.people.com.cn/n1/2016/0526/c1001-28383127.html。

不过，我国产业扶贫在实践过程中的效果如何，需要我们在实践中不断探索并加以验证。作为新一轮扶贫开发的重要战略，产业扶贫如何在扶持对象、项目安排、资金使用、措施到户方面实现精准，已成为精准扶贫所要考虑的重要议题。蛛岭村的产业扶贫实践也是围绕这几方面展开的。

第一节　蛛岭村的产业扶贫实践

近年来，上犹县全面推进精准扶贫，坚持从最偏远、最贫困、最落后的"三最"乡村和人口入手，积极实施产业扶贫、搬迁扶贫、教育扶贫、基础设施扶贫、就业扶贫、保障扶贫、金融扶贫、对口扶贫和社会扶贫等九大扶贫方式。[①]

根据上犹县的部署，蛛岭村于 2015 年开始实施精准扶贫政策，对建档立卡贫困户实施"规划到户、措施到户、责任到人"精准帮扶。蛛岭村所在的营前镇还专门制定了产业扶贫工作方案，围绕"两茶一苗"、生态鱼和光伏发电等产业，使得每个贫困村突出一个主导产业，形成"一村一品"格局。在定点扶贫单位中国社会科学院和上

---

① 巫荣志：《上犹县精准扶贫促全面实现小康》，《当代农村财经》2015 年第 11 期。

犹县委、县政府的帮助和支持下，经过干部与群众的共同努力，蛛岭村的产业扶贫工作取得积极成效，整个村的生活水准显著提高。蛛岭村的产业扶贫项目有：光伏产业、露天蔬菜种植、生态鱼养殖、家禽养殖、其他养殖（蜜蜂、蛇）项目等，但效果较为明显的主要是两大类，一是光伏产业扶贫项目，二是养殖、种植产业项目。

一 光伏产业扶贫项目

光伏扶贫是扶贫工作的新途径，是光伏发电与精准扶贫的结合，体现了"绿色发展"新理念，是习近平总书记提出的"生态就是资源、生态就是生产力"在扶贫开发领域中的生动实践。[①] 目前，光伏产业已经成为蛛岭村扶贫工作的一张名片，也是该村产业扶贫的特色所在，主要包括分布式家庭发电站、村级光伏扶贫发电站、营前镇光伏发电站三种形式。

分布式家庭发电站。主要位于樟树下社区，已安装42户，其中贫困户12户（见图5-1）。每户装机总量为3.12千瓦，按7元/瓦的单价，一套设备投资为21840元，预计年发电量在3000~3500度。按照产业扶贫到户奖补政策，贫困户可自行选择厂家、品牌安装光伏发电产品，3千瓦以上的，并网发电后每户奖补6000元。

村级光伏扶贫发电站。为全县首个村级光伏扶贫发电

---

① 郭雨薇、李友杰：《光伏扶贫的战略意义及推广措施》，《湖北农业科学》2016年第16期。

图5-1 蛛岭村贫困户家里屋顶安装的光伏发电装置

站（见图5-2），电站选址位于樟树下废弃鱼塘，土地为村组集体所有。经光伏发电公司技术人员现场勘探，该位置光照时间长、方位好，经填方后可作为电站选址，且与樟树下家庭光伏扶贫示范点一塘之隔，与晶科电力投资新建的30兆瓦电站一河之隔，可形成良好的点面结合效益。即充分利用临湖的千亩鱼塘的地理优势，发展光伏发电产业，有效利用空间资源，形成渔光互补的良性循环。同时带动周边贫困户发展分户式光伏发电以提高经济收入，形成光伏发电产业示范基地。蛛岭村村级光伏扶贫发电站占地面积20亩，按每户5千瓦的标准建设，总装机容量700千瓦。主要资金来源有三块，一是中国社会科学院对接帮扶村级帮扶资金250万元，二是从产业资金中安排蛛岭村建档立卡户帮扶资金200万元，三是县级政府安排贫困村产业发展资金100万元。三方资金合计550万元（其中用于鱼塘填方等基础设施费用30万元，剩余520万元全部用于安装光伏发电设备）。发电站采用全额并网发电模式，管理上实行"产权集体、村委管理"，村里提取收益的10%用于平时维护管理费用和增加贫困村集体经济收入，收益的90%动态分配给全村精准扶贫户，实现"两个确保"，即确保村建档立卡户每户每年有2600元左右收益；确保村集体在2020年前每年有10万元左右的收益。

晶科30兆瓦发电站。电站选址位于蛛岭村，与村级发电站一河之隔。营前镇与晶科电力有限公司签订总投资约3亿元协议，按渔光互补综合利用模式开发，利用千亩生态鱼养殖基地塘面，采用"水上发电、水下养殖"方式，建设营前镇渔光互补光伏电站。项目建成后不仅可以解决贫困群众的家庭用电，富余电量还可以接入国家电网，持续增加贫困群众收入。尽管此项目属于镇级项目，但选址

图5-2 蛛岭村光伏扶贫发电站

在蛛岭村，此项目优先蛛岭村贫困户参加。报名参加的蛛岭村贫困户超过 100 户，他们主要利用"产业扶贫信贷通"政策，每户最高可申请贷款 5 万元资金（政府全额贴息 3 年），投资入股参与分红。

在光伏产业的落地中，刚开始贫困户并不愿意参与。在贫困户看来，陌生的产业不知道会产生怎样的后果，前期的投入也较大，收益的时期也较长，短时间内没有办法给自己带来收益。经过扶贫干部的宣传，加上政策的扶持，本村条件合适的贫困户陆续都参加了此扶贫项目。贫困户陈某在访谈中谈到自己家在评上贫困户后便提出申请希望能给自己家的屋顶安装光伏设备。调研了解到，以装机容量 3000 瓦为例，年均可发电 3300 度，如果全部自发自用，不仅节省了 0.62 元 / 度的电费，国家还将给予 0.65 元 / 度的补贴，算下来一年产值能达 4200 元左右。

蛛岭村村委对该项目抱有很大期望，认为光伏产业扶贫是该村精准产业扶贫项目中的创收主力。该村的村级光伏发电站是赣州市建设的第一家村级光伏扶贫发电站，各地都来参观、学习经验。村级的光伏发电站，一方面，起到资产收益兜底的作用，五保、低保户、无劳动能力或劳动能力不强的贫困户可以不需付出劳动即可获得收益；另一方面，此产业也无太大风险，操作、管理方便简洁。村委陈书记谈道，"村级发电站产业扶贫项目也带来了一定的村集体收益，不至于让本村成为空头村，村里有了收入，就可以把这些钱用到贫困户身上。同时，这样村里也有了抓手，对那些不愿干活的懒汉，也有一定的制约作用"。

二 养殖、种植产业项目

养殖、种植产业项目是蛛岭村最为常见的扶贫产业项目。在无劳动力或缺乏劳动力的贫困家庭、在留守老人和留守妇女中、在由于家中有残疾人或幼儿需要照顾而无法正常工作的被束缚的劳动力中，养殖、种植产业都是首要选择的扶贫项目。其中家禽养殖最为常见，占到贫困户家庭总数的80%以上。2017年有7户贫困户进行生态鱼养殖，共计14亩生态鱼塘；10户贫困户有露天蔬菜种植，共计12亩；9户养牛，共计15头牛；1户养羊；1户养蜂；1户养蛇；1户种植瓜果。

按照上犹县产业扶贫到户奖补政策，对贫困家庭的养殖、种植达到一定规模就给予一定的奖补：新养殖家禽（养鸡存栏50羽以上，或者养鸭存栏50羽以上，或者养鹅存栏30羽以上，或者养肉鸽存栏50羽以上）任意一项的贫困农户，经验收合格后，每户一次性补助500元（见图5-3）。新开鱼塘养鱼水域面积达1亩以上（含1亩）的贫困农户，经验收合格后，每亩一次性奖补3000元，每户补助鱼塘养鱼面积不超过3亩（含3亩）。露天新植蔬菜瓜果集中连片1亩以上（含1亩）的贫困农户，经验收合格后，每户一次性补助1000元。新养殖牛存栏1头以上的贫困农户，经验收合格后，每户一次性补助1500元。新养殖羊存栏5只以上的贫困农户，经验收合格后，每户一次性补助1500元。新发展5箱蜂群以上的贫困农

图 5-3 蛛岭村贫困户养殖家禽

户，经验收合格后，每户一次性补助 1500 元。^①

每一户贫困户的"扶贫一本通"上都有各扶贫项目的详细说明，县政府也要求帮扶干部给帮扶家庭讲解各扶贫项目，并根据贫困户家庭实际情况积极引导其发展生产。贫困户先自筹资金进行申请养殖，养殖成功后申请验收，验收合格后方可发放奖补资金。由于某地出现过农户骗取扶持资金的事情（三户家庭用同一个鱼塘骗取奖补资金），为防止农户骗取国家奖补资金，政策规定，帮扶干部是第一责任人，要到农户家中实际查看。帮扶干部上户进行产业验收，需结对帮扶干部本人、驻村干部、包片干部、贫困户本人等四人以上到场进行实地验收，验收时，需留下测量验收图片影像，图片中必须包含所有在场人员。

───────────────

① 资料来源：根据《上犹县扶贫一本通》的信息整理而成。

精准扶贫精准脱贫百村调研·蛛岭村卷

调研发现，一般的贫困户家庭并没有一技之长，更多的是对传统的继承。针对养殖、种植产业扶贫项目，贫困户多选择自己最为熟悉的项目，而这些项目也是蛛岭村最为普遍的。较有特色的养殖项目只是存在于极少数的贫困家庭中，如养蜜蜂、养蛇（见图5-4）。这些特色养殖项目会给贫困户家庭带来较为满意的收益。但这些特色养殖项目需要一定的技术，往往只能在极少数的贫困户中得以开展。大多数的贫困户只能选择传统的养殖、种植产业项目。

图 5-4　蛛岭村贫困户养蛇

第二节　科研助力产业扶贫

中国社会科学院是上犹县的定点帮扶单位，拥有一支研究社会发展各领域的专家队伍。中国社会科学院自参与上犹县的脱贫工作以来，充分发挥自身在人才、平台、成果、知识等方面的优势，给当地扶贫工作提供相应的智力支持及适当的物质支持，为上犹县的脱贫工作做出了积极贡献，形成了以科研扶贫为引领的良好局面，有效激发了扶贫的内生动力。从定点帮扶开始至2018年7月，中国社会科学院在上犹县实施扶贫项目23项，投入扶贫资金678.42万元，成功脱贫684户2330人，发挥了科研扶贫的独特作用。[①]

中国社会科学院在参与上犹县（包括蛛岭村）的扶贫过程中形成四大模式。一是驻点帮扶带动模式。通过选派具备一定专业知识水平和实践能力的科研人员定点挂职。我们进入蛛岭村调研期间，中国社会科学院先后有研究人员杨进、刘红雨在上犹县挂职。此外，更是选派研究人员进驻包括蛛岭村、红星村在内的两个贫困村，开展定点帮扶和精准施策，受到当地政府和人民的一致好评。蛛岭村第一书记王强、红星村第一书记孙星宇在县乡村三级测试中，评价均为"好"（最高评价）。

二是示范项目带动模式。前面已经提及，中国社会科学院投入250万元（地方配套300万元），依托江西晶科能源有限公司在蛛岭村修建光伏发电站。该模式主要通过并网输电产生经济效益，在整个江西省具有很高的知晓度，为上犹脱贫甚至是江西省脱贫建设提供了示范作用。

---

① 上犹县于2019年正式脱贫。

中国社会科学院的钟代胜、王强参与了此项目的可行性分析，以科学研究的态度和方式促成此项目的落成。

三是理论知识推动模式。随着扶贫工作已经进入攻坚阶段，相应的工作难度也在不断提升，提升全体扶贫干部的理论水平与认清贫困形势至关重要。为此，中国社会科学院先后9次组织41名专家学者前往上犹县开展扶贫调研和国情调研，并为干部群众做相关报告。此外，中国社会科学院连续向上犹县赠阅《中国社会科学报》，协助上犹县领导班子了解全国扶贫现状，以便吸收有益经验，助推地方发展。

四是院地合作推动模式。中国社会科学院承担着发展中国社会科学、助推经济社会全面发展的重要任务。中国社会科学院针对上犹县扶贫工作中的社会扶贫需求，利用自身主管主办的报刊，及时宣传、报道上犹的扶贫经验，激发全院干部职工更加关心和支持上犹扶贫，并积极捐献款物。

扶贫是一项长期而艰巨的任务，蛛岭村组建了扶贫工作队，负责村里的扶贫工作，同时加上中国社会科学院扶贫工作小组、上犹县农机局、公安局扶贫工作小组等单位的支持与帮助，扶贫实践有条不紊地推进，在科研扶贫的助力下基本实现了以光伏产业扶贫为特色的精准扶贫对接。

第三节　实施成效与潜在的问题

一　产业扶贫政策实施的主要成效

蛛岭村在贯彻扶贫开发政策和精准扶贫方略过程中，结合本村的实际情况，积极开展各项扶贫方式，产业扶贫是其重要的扶贫方式之一。总体来看，其产业扶贫的成效可以从以下四个方面进行总结。

（一）补贴、收益精准

在光伏产业扶贫上，政策落实和资金到位具有针对性。中央和地方都制定了专门的政策发展光伏产业，该扶贫项目区别于传统扶贫项目，实现了简化扶贫资金下放流程，把中央和省级政府的扶贫资金直接落实在有益于减贫脱贫的具体项目上，在提高效率的基础上突出扶贫项目安排和项目补贴的精准。[①]只要属于建档立卡户，均可以通过产业扶贫信贷通获得资金投入光伏产业扶贫项目，通过中央补贴、省级补贴以及光伏资产收益，多维施力，保证建档立卡贫困户精准受益。对于一部分具备条件的丧失劳动能力或劳动能力薄弱的贫困人口起到一定的兜底作用，使其具有较为稳定的收入来源。

---

① 姜安印、刘博：《精准扶贫视域下光伏扶贫的内涵、困境以及对策研究》，《甘肃理论学刊》2017年第4期。

（二）资源有效利用

蛛岭村利用充足的光照资源、废弃的鱼塘建立了村级光伏电站；临近山区的贫困户利用山上原有的植物资源，开展蜜蜂养殖；临近水塘的贫困户利用丰富的水塘资源开展生态鱼养殖；该村的地理位置显著，在靠近公路的地方进行蔬菜种植，方便销售。相对来说，该村在一定程度上实现了资源的精准利用，将贫困区的潜在资源优势转化为经济优势，突出了"生态就是资源，生态就是生产力"的贫困地区经济发展理念。

（三）扶贫模式创新

蛛岭村的光伏扶贫作为产业扶贫模式的创新，既突出了对贫困地区潜在经济资源的有效利用，也丰富了贫困地区产业模式创新的形式，使得产业扶贫模式更加具体灵活，普及门槛低，保证了适度的推广性。建立"村集体＋农户"的光伏产业扶贫形式既保证了贫困户的收益，又促进了本地扶贫模式的创新。

（四）收入稳步提升

蛛岭村以产业为平台，将本村的自然资源、农户自有资源及各类扶贫资金资产化。以政府为主导，发动企业、金融机构、贫困户的多方参与，通过经济实体将收益落实到每一个贫困农户，为其带来可持续的财产性收入，财产性的收益直接向贫困户发放，直接帮助建档立卡户提高收入。

二 产业扶贫政策潜在的问题

（一）村民自我发展能力不强，整体素质不高

产业扶贫的核心在于产业的发展，从而带动就业发展。在现有的产业扶贫项目中，光伏产业扶贫更多的是带来少量的稳定收入，却无法使贫困人口自身参与劳务，不能获得劳务收益。可以说，在光伏产业扶贫中，只是用贫困户贷款的政策优惠，实现了资金的筹集，最后得到资金的分红，这种分红甚至可以说是政策的福利分红。贫困家庭几乎没有从中获得技能的提升，或自身发展能力的提升。在养殖、种植产业中，农户只是小规模的家庭养殖、种植，无法有效实现产业发展的目的。农户获得的依然是资金的奖补，至于养殖种植技术、应对市场的能力并没有显著提高。村民的发展观念还比较保守，虽然有致富的愿望，但普遍不愿承担任何风险，实际行动比较保守。

（二）扶贫产业规模不大，合作社功能不完善

虽然蛛岭村扶贫产业得到了一定的发展，但是扶贫产业规模较小，吸纳贫困户有限，贫困户参与面较窄。这些产业项目更多的是贫困户的单打独斗，缺乏有效的管理引导措施，农户的养殖、种植只是简单的家庭养殖、种植，很少达到规模化。这些种养产品基本也是常见产品，缺乏特色与竞争力。由于没有形成规模，也没有龙头骨干企业

的带领，分散的家庭户抵御市场的风险能力较低。仅有的几个养殖合作社规模偏小，且几乎丧失其原有建立的初衷，运营机制不健全，运营管理制度不完备。

（三）产业基础不牢，扶贫效益不稳

两大类产业扶贫项目"造血"性质弱，"输血"性质强，更多地依赖政策的金融补贴，一旦政策优惠取消或因为其他各种原因政府减少对这两项的投入，那么这些产业所带来的红利也将消失。产业的基础是建立在政策的红利上，并没有形成良好的产业链条。而且在推行养殖、种植产业扶贫的过程中，本地政府并没有很好考虑养殖过程中的风险与养殖后的市场需求问题。农户养殖、种植的风险是由贫困户自己来承担。面对市场，贫困户不能很好地把握市场走向。蔬菜、肉牛、家禽养殖产业是传统产业，抵御市场应变能力较低。如果不能很好地考虑市场的走向，一味地鼓励贫困户加大养殖、种植，反而会对贫困户家庭造成一定的损失，扶贫效益大打折扣。

（四）产业金融扶贫政策潜藏风险

产业发展基础薄弱、居民素质不高、集体经济不强，是影响产业扶贫效果的重要因素，也是重要的产业金融风险因素。首先缺乏实际的产业支撑难以形成商业规模，也缺乏一定的稳定性，一旦遭遇市场困境，农户就会遭遇无法还本付息的风险。同时，部分村民存在投机行为，以发展生产的名义贷到一定政府全额贴息款项，却并没有将得

到的贷款用于发展产业，而是贴补家用或移作他用。一些村民甚至认为这些扶贫贷款资金不用偿还，并准备不还，信用意识淡薄，进一步加大了金融扶贫法人风险。调查显示，目前产业金融贷款的主体为贫困农户，实际使用资金的主体大部分为合作社和相关企业。一旦企业或者合作社未能有效地成长或者发展，特别是出现破产或者突然消失的情况，则会引发严重的金融风险。

第六章

"三驾马车"与脱贫可持续性的探讨

第一节 "三驾马车"：改进与发展

自以习近平同志为核心的党中央高度重视精准扶贫工作以来，中央政府相应进行顶层设计，各地政府则积极根据自身条件细化具体实施办法，一步一步地将精准扶贫工作落实到位，使社会福利惠泽全国困难群众，为实现中华民族的伟大复兴做出重大贡献。

在精准扶贫实践中，按照"规划到村、项目到户、帮扶到人"的总体要求，革命老区贫困村蛛岭村结合本村的实际情况，积极开展各项扶贫方式，其中社会治理、劳动力转移就业扶贫和产业扶贫成为该村重要的脱贫实践，已成为蛛岭村能够顺利完成精准脱贫实践的"三驾动力马车"，政府主导、多元积极参与的社会治理格局已初步形成并为多维扶贫提供了实践基础。劳动力转移就业在本地土地条件等发展资源有限的情况下积极发挥脱贫作用，以光伏扶贫作为产业扶贫模式的创新突出了对贫困地区潜在经济资源的有效利用。以科研扶贫助力形成的"村集体＋农户"的光伏产业扶贫，既丰富了革命老区贫困地区的产业模式创新，保证了贫困户的收益，又促进了本地扶贫模式的创新，其具体灵活、普及门槛低的特点保证了适度的推广性。

可以说，多元参与的社会治理、适度的劳动力转移就业扶贫、科研助力的产业扶贫是蛛岭村能够完成脱贫实践的重要的动力基础。但不可否认，它们在拉动当地脱贫的过程中也不同程度地存在自身的实践问题，需要认真对待，以确保脱贫成效具有可持续性。

一　精准扶贫中的社会治理

从蛛岭村的社会治理情况看，各方主体都在参与精准脱贫实践，各方也都在努力自我定位、各司其职，但仍存在基层政府做总体性支配、社会力量参与偏弱以及贫困群体主体性不足等问题，这也是我国各地基层在精准脱贫实践过程中普遍面临的结构化难题。正确对待并有效解决这三个基本问题，有助于基层政府、社会力量与贫困群体的关系重构和结构优化，也能更好地推进我国反贫困战略在基层社会的具体落实与实践。①

① 本部分建议的观点和结构均受到张建明主编《中国人民大学中国社会发展研究报告2016——精准扶贫的战略任务与治理实践》一书的启发。特此感谢！

（一）基层政府：权力下放

作为脱贫攻坚最重要的责任主体，以县、乡两级政权为基础的基层政府及其相关职能部门在不同程度地运用行政权力，参与甚至是主导蛛岭村某些扶贫项目决策评估的全流程。这样的做法不仅加大了政府的工作负担，放大了群众对政府责任的预期，还使得扶贫项目容易陷入以政绩为目标的决策评估中。在信任理论中，信息的不对称是产生不信任、增大决策成本、降低决策成效的重要原因。同时，当政绩需求与群众所需相偏离时，后者极易被忽视，导致扶贫项目不符合实际，村民不积极参与或无从参与，扶贫项目偏离靶向。

因此，应注重实现以贫困群体为中心的内生性发展项目，注意拓宽渠道吸纳其他主体参与扶贫项目的决策评估，打破现有的权力关系格局，把基层政府的权力适度下放给社会组织、广大贫困群体等其他社会治理的参与主体。既要充分考虑扶贫对象的需求，也要减轻基层政府承担的压力和不必要的工作任务。注重转变基层政府的全能者角色，积极主动地同各参与主体就扶贫的目标、需求、资源分配、实践流程及绩效评估等问题进行平等的对话、协商、合作，把扶贫实践的全过程进行流程切割，分清主次、划分权力和责任，在更多环节切实做好引导者、协调者的角色。以贫困群体的切身利益作为脱贫攻坚的出发点，建立"有限责任政府"，使基层政府的权力与责任形成某种平衡。

（二）社会力量：积极参与

社会力量是介于政府与群众之间的中间力量。社会力量本身的专业性、自发性和民间性，使得它能够在各项脱贫实践中更加中立、专业和高效。在服务贫困户的扶贫项目设计和实践中让社会力量更好地发挥中介性角色的作用，有助于当前扶贫攻坚走出结构化难题，更有助于保持反贫困成效的可持续性。

在蛛岭村的扶贫实践中，社会力量较少能直接参与到村里的扶贫项目建设中。一方面是因为社会力量极为薄弱，另一方面是因为专业性不强，再者就是相关的扶贫实践中并没有给社会力量留下参与的空间。

因此，要发挥社会力量的桥梁作用。首先，要在蛛岭村积极发掘、培育和引进能够与当地文化传统、生活习惯、思维方式相互契合的社会力量，确保社会力量在发挥作用的过程中不会"水土不服"。其次，要避免对社会力量的外部干扰，鼓励倡导其自发性、专业性、公益性的养成，通过多方力量的沟通、协调、对话，推动具有社会正效应的社会力量在本地涌现，为本村的扶贫实践以及脱贫之后的乡村建设形成较为丰厚的社会资本。最后，在扶贫实践的设计中要在社会需求评估环节、项目实施环节以及项目验收评估环节都给社会力量留下参与的空间。社会力量的本土适应性特点，决定了它对贫困群体的需求能够进行相对客观的评估，其专业性使其能够在贫困户真实需求的基础上提出较为实际可行的实施方案，其自发性和非政府性的特点让其能够在项目验收环节相对中立并评估出哪些才是能够真正激发贫困户内生发展动力、具有可持续性的扶贫项目。

（三）贫困群体：主体性加强

贫困群体是脱贫攻坚战的主体，他们在脱贫实践中所展现出来的主体性很大程度上反映了精准扶贫过程中的社会治理的效能。换言之，贫困群体主体性的有效实现，是破解社会治理结构化难题的另一个关键点。

在蛛岭村，贫困群体的主体意识正在觉醒，但作为主体性的参与却显不足。首先，表现为参与空间的不足。在享受扶贫政策和扶贫项目的过程中，部分贫困户逐渐有了为自己谋权利的想法，会把某些扶贫项目的不足归咎于发起项目的政府，也会开始关注扶贫政策、关注哪些项目更符合自己的实际利益，但所有这些主体性的参与都是碎片化的、非制度化的，还不足以成为真正意义上的主体性参与。作为扶贫实践中的社会治理参与方，贫困群体的主体性参与应在各扶贫项目的设计范围内，呈现一种主动性和制度性。其次，表现为贫困群体本身对主体性认识的不足。蛛岭村的贫困户会为了实施的政策与自己理解的政策不符而去找扶贫干部要权益，不惜上门去扶贫干部家里争吵，会为了争得某些权利而与其他村民发生争执，甚至造假。但事实上，真正意义上的主体性，应表现为一种可协商、可对话的平等参与，而不是为了自己的权利采用非正当的方式去获得，否则难以达到真正意义上的社会治理。更需一提的是，少数贫困户存在"等、靠、要"思想，甚至出现争当贫困户的行为，将扶贫资源视为其获取利益的重要来源，只看见了该有的权利而忽视了应尽的义务、应担的责任，与贫困治理的其他参与方仍处于不平等的互动状态。

因此，要从制度设计和主体意识培育两方面来加强贫困户的主体性参与。首先，要从制度设计上提供贫困群体的主体参与空间。即在与贫困户有关的项目设计、实施、评估上，都应给贫困户留下参与的空间。只有贫困户最知道自己需要什么、自己能干什么、自己是否满意，有他们参与的扶贫项目设计、实践和评估，更能贴近贫困户的实际，也更容易取得他们的认同感和获得感。其次，要提供平台让贫困户在实践的过程中习得真正意义上的主体性参与。虽然大部分贫困户在人力资本上低于非贫困户，但要相信他们具有理性人的特点，更要意识到扶贫项目本身也是在培育、激发他们的发展内生力，只有鼓励他们积极地参与和实践，益贫式或内源式的扶贫效果才能真正实现，并在反复实践中理解并习得什么是协商、对话、沟通，为脱贫成效的可持续性和脱贫之后的乡村建设提供高质量的社会治理格局。

二 精准扶贫中的劳动力转移就业

蛛岭村人均不到 0.5 亩地，并且由于处于江南丘陵地带，土地难以产生规模经济，农业劳动生产率不高，农业对劳动力的吸纳能力有限，因此大量农村剩余劳动力选择外出就业，继而改善家庭经济环境。这一途径也被视为当前精准脱贫的重要路径。然而通过调研分析可知：其一，劳动力转移就业政策虽明确规定了相关措施，但目前看来，农户对具体内容的知晓率较低。其二，现行的劳动力转移就业培训更多停留在浅层次，需要从多方面来加强培训工作。其三，外出劳动力仍以自发流动为主，就业信息机制不健全，增加了农民工转移成本。其四，农村现行保障体系虽取得了巨大成就，但仍具有提升空间。

（一）加大劳动力转移就业政策的宣传力度

有关劳动力转移就业政策的宣传可以从两类主体即扶贫干部和村民的角度来加以考虑。就前者而言，整个上犹县开创了"765结对帮扶""332工作机制"。县政府规定各定点帮扶干部利用每个周六深入贫困户家中宣传最新的扶贫政策，同时切实关心每一位贫困户的家庭生活，进而能够时刻掌握贫困户的最新动态，达到动态扶贫的效果。乡村夜话则是充分利用农民白天忙于农业生产的时间特点，通过夜间走访密切联系贫困户，增强政府和贫困户间的互动，及时、全面地宣传相关政策。这两项机制只要能切实落实，从宣传方的角度来达到让贫困户知晓相关政策的路径则能基本畅通。

对于后者而言，农民对劳动力转移就业具体政策知晓率低的原因有三个方面。一是知识水平较高、理解力较强的农民工大多长期外出务工，只是在特定的节假日才回来做短暂停留，因此对村里宣传的具体政策不是很了解。二是当前精准扶贫政策力度较大，各种福利政策相继出台，大量政策的输入可能会造成农民理解错位。三是部分农民滋生懒惰思想，完全没有积极性去了解相关政策，成为典型的"等、靠、要"群体。

针对以上问题，增强农民对劳动力转移就业政策的认识是必要且亟须的。其一，在提高农民对政策知晓度的过程中，县镇两级政府、村"两委"要继续保持原有的工作作风，通过对政策的学习和理解，进而以通俗易懂的方式向农民解读，争取让大部分人在最大程度上了解就业政策，认识到盲目流动的危害性。

其二，注重发挥成功案例的示范作用。农民由于自身的局限性，身边所发生的事实案例可能远比政策宣传的作用来得更加直接和有效。可以通过成功转移就业脱贫的村民以现身说法的形式来传递政策的优越性，通过熟人社会的内部良性互动来提高农民的政策认识。

其三，要重视发挥家庭的作用。对于长期外出务工的农民，可以通过定期访问其留守在农村的家庭成员，通过家庭成员向其传达政府的关心和就业政策信息，确保在外的农民也能够享受到政策福利。

其四，需要加强文化扶贫的工作力度，切断贫困的文化根。当前扶贫政策是集全国之力推进的一项伟大工程，脱贫不是政府的"独角戏"，作为脱贫的主体——贫困户必须要积极参与其中，要意识到脱贫并不只是简单的物质援助，更多的是通过提供资源激发其自身动力，增强发展能力，实现自我脱贫，而不能简单地"等、靠、要"。值得注意的是，当前有些贫困户的权利意识似乎"过度"觉醒，出现了"不给好处不签字"①的困境，给基层扶贫人员的工作造成了巨大阻力。在这种特定的权利转换的背景下，做好文化扶贫的宣传工作显然不只是政府一方的职责，需要鼓励社会力量的参与，形成多元参与的格局。

（二）完善劳动力培训制度，加大劳动力培训力度

蛛岭村在劳动力转移就业培训方面存在一定的不足，应加大力度健全劳动力转移就业培训机制。具体建议包括：促进分散培训与集中培训相结合；提高农村劳动力对参加培训的重视程度；采取多元化培训方式。

首先，促进分散培训和集中培训相结合。政府培训与企业培训存在显著差别，企业培训多是以集中培训某一生产环节的技术人员为主，追求在最低培训成本下实现员工与市场需求的高效配置，实现最大利润。政府的培训更多是为了增强农户自身技能，使其能够较好适应不同生产领域的要求，注重的是个人能力的挖掘。由于不同级别的政府都会开展一系列的就业培训，在这个过程中就可能造成资源的浪费等情况。上犹县每年都会开展一系列的就业培训，会按要求将具体指标发放到各个镇、各个村，最后是每个村都要想办法凑齐指标人数前去县城培训。培训的结果是大部分人难以坚持到最后，只有少部分人能坚持整个过程。这种结果与农民自身素质密切相关，但也表明这种

---

① 如：扶贫干部需在"一本通"里记录自己帮扶的贫困户得到了哪些扶贫收益，并由贫困户签字认可，供上级检查。

集中培训的方式并非适合所有农民。营前镇自身开设的农民知识讲堂，通过定期邀请相关工作人员来进行理论教学和实地指导，得到了当地农民的热烈欢迎。可以考虑将这种形式的指导常态化，形成一套培训机制，安排专业人员对接农户，充分考虑农民的现实需求，在生产的过程中提升农民的技能。

其次，提高农村劳动力对参加培训的重视程度。农民作为培训的主体，还应该进一步解放思想，提高认知，打破原有的保守观念，主动积极配合政府安排，实现有序流动。贫困户在某种程度上大多是属于村里知识水平较低、接受能力较有限的一群人，在各种因素的共同作用下才逐渐变成贫困户。尤其，当今社会飞速发展，竞争日益激烈，原有知识难以适应社会发展是他们成为贫困户的重要外部原因。在这种情况下，农民如果不能够及时意识到自身的不足，尽快投入武装自己就业和择业技能的队伍中去，很快就会被社会淘汰，成为社会的边缘群体。由此，如何疏导农民思想，使其端正对培训的认识就极其重要。一方面如上所述，需要对培训工作进行得力宣传，使农民认识到参加培训的必要性和急迫性。相比更重要的是，鼓励农民从自身实际出发，尽快转变观念，加强对培训的认识，从身边成功的典型案例中汲取动力，转变以往的"等、靠、要""过得去就行"的思想，多多接触新知识，克服困难，不断挖掘自身潜力，为以后的工作和生活储备知识资本，提高在劳动力市场中的竞争力。

最后，采取多元化的培训方式。在现有的培训模式下，不断创新，拓展思路，探索富有成效的农民培训方式，走长训与短训相结合、学历教育与技能教育相结合、培训与就业相结合的路子。针对不同农民需求群体，培训应设立不同的项目。

一是实施农村劳动者技能就业计划。以提高农村劳动者就业技能、促进其向非农产业转移和在城镇稳定就业为目标，紧紧围绕企业用工需要和劳动力市场需求，综合运用职业培训补贴、职业介绍补贴等相关扶持政策，动员并组织社会各类职业教育培训机构、就业服务机构为农村劳动者提供有效服务，使其掌握就业技能，实现稳定转移就业。

二是设立面向农村初高中毕业生和贫困地区青年的技术工人培训项目。针对企业对技术工人的迫切需求，强化技术工人的订单培训，上犹县在此取得了一定的成就。特别是需要针对农村中有一定文化水平的青年进行短期的免费培训，使其达到初级工或者中级工的国家职业标准，实现稳定就业。蛛岭村劳动力整体素质较低，因此大部分外出村民从事低端产业，有待提升其职业水平，进而提升职业待遇。

三是针对大量妇女外出或留守妇女现象，需要组织实施农村妇女科技素质提升专项工程。通过组织动员妇女、培养开发妇女人才，对农村妇女进行科技文化培训，推进农村妇女整体素质的提高。对外出妇女而言便增强了自身获取工作的能力，对留守妇女而言便提升了生产能力，继而可能促进农业生产的进步。

（三）促进特色农业发展，提高农业对劳动力的吸纳能力

江西省属于我国中部地区的农业大省，上犹县的农业生产多以传统农业经营为主。传统农业以劳动集约为特点，技术上表现为精耕细作，生产结构上表现为以粮食生产为中心，耕牧并举，农牧结合。传统农业的特点是与当时较低的社会生产力相连，如今，农业生产力已经发生了跨越式增长，精耕细作已经无法消化农村劳动力。同时，精耕细作模式下的农业生产并不能带来较大的经济收益，传统农业对劳动力的吸纳能力逐渐萎缩，增收作用近乎消亡。在这种背景下，发展特色农业成为当下农村发展的重要路径。如营前镇就有部分农户开始种植葡萄、麒麟瓜、草莓等，改变了传统单一种植水稻的模式，为农民增收做出巨大贡献。

特色农业属于现代农业的重要组成部分，不仅涉及生产力的高度发展，同时还会涉及农业组织和管理制度的变革。据营前镇相关干部介绍，农户可以自由选择发展特色农业，政府会给予资金和技术上的支持，为特色农业的发展奠定基础。然而，走访中却发现特色农业更多是个体农户发展农业生产，虽成立了产业协会，但是作用不显著，特别是在市场竞争力和市场谈判能力上亟待加强。总的来看有如下措施：依靠科技进步，提高当地农业生产水平；强化政府职能，完善当地农业社会化服务体系。

首先，依靠科技进步，提高当地农业生产水平。要建

设特色农业（现代农业），一方面需要用现代科学技术和先进的工作生产要素装备农业，大幅度提高农业的有机构成。第一需要因地制宜，选择适当的农业机械和农业肥料、种子等产品；第二需要地区政府制定有利于增强农业装备的政策，为农业装备现代化提供政策支持和良好环境。另一方面要增加科技投入，加强农业科研，健全推广体系，促进科技成果转化。一是要增强农业科研投入；二是要有针对性地开展具体地区的农业攻关，发掘适合地方条件的产品。上犹县通过江西省农科院的实地科研支持，在农业科技方面取得了一定的成就，找到了适合自身发展的农业产品。然而，在现代农业机械的装备方面还有待加强，这与区域地理环境有密切关系，但可以尝试努力推广新的机械装备。

其次，强化政府职能，完善农业社会化服务体系。上犹县当前主要是分散的个体农户开展特色农业种植，市场谈判和防御风险能力都极其有限。随着特色农业的持续发展，其必然会为了适应市场要求而不断调整自身，推动整个产业向商品化、专业化和现代化发展，那么农业社会化服务体系就是推进过程中的基本保障。调查发现，上犹县政府的农业社会服务似乎只停留在经济支持和定期的技术指导上，并未能深化农业社会化服务。接下来一是可以扩大农业社会化的服务范围，除了提供技术服务以外，同时还可以提供销售、信息服务，提供产前、产中、产后的一站式服务。二是可以促进农业社会服务企业化，积极引导当地的农业企业参与发展。值得一提的是，上犹县通过引进江西当地的知名企业，形成了"企业 + 贫困户"的模式，为脱贫做出一定贡献。

（四）完善政策保障体系，促进劳动力有序转移

毋庸置疑，农村劳动力的转移就业并非简单地将剩余劳动力从农业中解放出来那么简单，需要各项保障体系合力推进，共同解决转移过程中可能出现的问题，促进劳动力有序转移。因此，当地各级政府应积极创新制度、制定优惠扶持政策，为农村劳动力转移就业提供良好的发展环境，使转移就业能够长期化、稳定化，从而使农民工的利益得到根本保障。当前，上犹县将农村剩余劳动力转移就业视为政府重要任务之一，坚定信念，打赢扶贫攻坚战，各项转移就业的福利措施相继出台，如带薪培训、工资补贴。但是，由于大部分劳动力主要向省外流动，政策尚未做到有效衔接，需要政府出面与流入地企业进行协商，定期回访转移的劳动力的工作情况，将保障工作做得更加深入与全面。

在社会保障方面，为了确保农村劳动力能够安心转移，需要加强对整个家庭的社会保障工作。一是建立完善的留守儿童照顾体系，发动学校、社会托管机构等对留守儿童进行摸底，密切关注其成长，给予多方面关怀。尤其是家庭困难的农民子女，可以通过设立助学金、减免收费等形式，帮助其入学。上犹县教育部门通过财政资金支持，给予每一位寄宿生补助，有效缓解了其家庭经济压力，同时安排专门教学人员进行生活照顾，降低儿童的生

活、学习压力。然而，在走访中却发现部分农户的孩子由于各种原因没有寄宿，这就需要其他政府部门或社会力量参与，共同呵护留守儿童成长。二是促进农村养老保障体系的建设。农村劳动力转移就业的最大担忧之一就是家中老人的养老问题。不同于传统的养老方式，现在老年人在晚年不仅没有子孙绕膝，而且往往需要承担隔代照顾和农业生产的责任，老年人负担较重。根据调研来看，部分农户家庭只剩下老人、孩子，在外打工的农民往往也对家庭不放心，少部分人会定期回来看望。但是，大部分农村劳动力外出就业一般结余的工资不多，回不回家会陷入选择"困境"。目前，大部分农村老人倾向于居家养老，蛛岭村没有工作人员或机构提供服务，在缺乏儿女照顾的情况下老人实际上处于"自生自灭"的状态，这一问题显然已不是每个月微薄的"养老金"所能够解决的。因此需要政府、村委等创新方法，密切与居家老人的联系，建立定期的家访制度，引进社会力量等来共同参与，为劳动力顺利转移就业解决后顾之忧。

在就业信息保障方面，构建信息网络，建立覆盖面广的城乡一体化的就业服务体系，是确保劳动力转移渠道畅通、使有意愿外出务工的农民都能及时外出就业的关键。因此，需要具体做好以下几方面的工作：一是建立统一、开放、竞争、有序的劳动力市场，构建多层次、多形式的劳动力市场体系，把市场机制作为城乡劳动力就业的主要调节手段；二是积极鼓励发展各类中介机构，搞好公共就业的服务组织，大力加强各种形式的劳动力就业中介组织建设。各类公共职业介绍机构应向全部农民免费开放，免费提供就业信息和政策咨询，免费进行求职登记、职业指导和中介服务，确保农村劳动力的有序转移；三是要加强劳动力就业市场信息平台建设，建立覆盖城乡劳动力的供需网络，互通信息，共享资源，降低农村劳动力转移的成本和就业风险。

三　精准扶贫的产业扶贫

（一）注重村民"自我发展能力"培养，提高村民综合素质

扶贫首在扶智，提高贫困个体的自我发展能力，主要体现在生计资本和可行能力上。加强对贫困家庭"人"的培养，激发贫困家庭的发展能力需要长远的计划与耐心。可从贫困家庭中找出适合的家庭成员，定期进行创业与创新培训，为有需要的村民邀请专业技术人员进行产业技术的传授。要重视本村的文化建设，重视村民文化素质的培养，充分利用好本村的文化宣传队、村图书室及帮扶单位——中国社会科学院的智力资源。针对产业发展、村民素质，及时对村民进行技术和技能培训，提升居民产业技能。帮扶干部要积极向贫困户介绍各项扶贫政策，引导贫困村民转变思想观念，激发脱贫的内生动力。

（二）规划扶贫产业，推动合作社运营

在扶贫产业的选择上不能追逐热点，更不能为了追求

政绩迎合上级领导而盲目听从上级安排，必须根据本村资源的发展条件，因地制宜地选择适合自身特色与优势的产业，做好产业发展规划。政府要积极引导社会企业参与区域内的产业扶贫项目，搭建产业发展平台，鼓励、支持有实力的龙头企业、专业合作社、家庭农场等组织参与产业扶贫，充分发挥其引导和带动作用。积极引导符合条件的农户走向合作社运营，形成本区域内产业特色，建立健全合作社管理制度，使其充分发挥应有之义。建立合作组织，联手打造产业市场、销售渠道，优势互补，抱团经营，风险共担。

（三）培育特色产业，加强市场评估

根据本村自然和资源条件，尊重本村村民的意愿与实际素质，结合产业基础情况与市场需求，选择合适的产业项目，通过合理安排扶贫项目和扶持资金，发展特色产业，恢复本区域的"造血"功能。吸引龙头企业介入，加快技术和产品的创新，构建自身富有特色的核心竞争力。加强市场调查与市场预测评估，随时把握好市场新风向，建构和完善产品的销售渠道，为产业发展提供市场支持。

（四）控制产业金融贷款风险

出台专门的金融贷款风险防范办法，完善产业金融服务制度、机制建设。强化金融法制建设，优化金融生态环境，防止套取扶贫贷款资金等机会主义行为。[①] 加强对产业金融

① 周孟亮、彭雅婷：《我国金融扶贫的理论与对策——基于普惠金融视角》，《改革与战略》2015年第12期。

贷款资金使用的监管，扶贫帮扶干部督促贫困家庭将资金用于发展生产上。构建地方政府搭台、金融机构参与、贫困户唱戏的沟通合作平台，降低金融机构的放贷成本和风险。最后加强对贫困农户的宣传，必要时以宅基地证、房产证、林权证、土地承包经营权证、山塘水库养殖承包经营权证作为抵押品，交合作社、村级金融服务站进行反担保，有效降低合作担保贷款和扶贫产业资金担保贷款的风险。

第二节　保持脱贫成效可持续性的关键：处理好六类关系

本研究调研点为江西省赣州市上犹县营前镇的蛛岭村。上犹县是国家扶贫开发重点县、罗霄山区集中连片特困地区扶贫攻坚县。蛛岭村是上犹县的一个贫困村，其精准扶贫精准脱贫的反贫困工作是在上犹县全县反贫困工作布局下开展的。蛛岭村致贫的原因、扶贫脱贫的政策以及一些具体的做法，都与上犹县的精准扶贫工作密不可分。蛛岭村脱贫过程中取得的成绩嵌入上犹县的脱贫实践中，同样脱贫过程中存在的一些问题也并非仅仅是蛛岭村自身的问题，有些是上犹县甚至是我国在整个精准扶贫精准脱贫的实践中需要去认真对待和思考的问题。

因此，从上犹县与蛛岭村的脱贫实践出发，在前面提及要着重完善多元参与的社会治理、农村劳动力转移就业和产业扶贫的前提下，以下就脱贫效果的可持续性提出要妥善处理六类关系的深层思考。[①]

一　乡村整治和文脉保持的关系

在调研期间，蛛岭村所在的上犹县正按照违章建筑"拆到位"、基础设施"改到位"、村庄环境"整到位"和垃圾管理"管到位"的要求全面推进乡村整改工作，成效显著。在整治的同时，也需要重视乡村文脉的延续，使文化对人的内在涵养与环境的外在塑造形成合力。具体到蛛岭村而言，就是要做好客家文化的传承和发展工作，使其融入乡村振兴的实践，助推农村建设发展。

上犹县仍保存较为丰富的客家文化传统、艺术形式和建筑习惯等，而这恰恰能成为推动客家文化传承和延续的重要依托。首先，上犹县及境内部分乡镇成立客家文化表演艺术队，通过用"旧瓶"宣传"新酒"的方式，将传统客家文化与现代乡村文明、脱贫精神紧密连接。其次，通过官方平台推介客家文化，如上犹县纪委推出"客家门匾"的系列介绍，将形成于历史时期的优良品质传递到现代，为脱贫建设提供持久精神动力。最后，蛛岭村各姓氏通过宗族协会来组织和动员宗族力量参与扶贫。如黄氏宗族协会筹集资金建立"奖教学"奖金，助推教育脱贫的发

①　此思考主要来自上犹县委、县政府座谈会的启发，特此感谢。

展；通过宗族协会来妥善解决宗族内部矛盾、宗族间的矛盾，协力创造和维护和谐的乡村治理秩序。

随着上犹县农村发展步伐的加快，要充分意识到乡村整治与文脉传承是"一体两面"的关系。因而需要在推进农村外在环境改善的同时，注重保护客家文化的传承载体。这便要求持续创新客家文化的保护机制，引入社会组织力量，形成政府、农村居民、社会组织和市场多元主体共同参与文化传递和延续的新格局。

二　绝对贫困和相对贫困的关系

当上犹县脱贫摘帽工作完成时，该地的绝对贫困便已基本消除。但是，正如前文所述，贫困本身是一个多维概念，一方面其物质标准处于持续调试状态，另一方面其会随着时代发展而增添新的要求。[1] 基于此，上犹县在后续农村发展过程中要严防贫困户返贫，更为重要的是要做好解决相对贫困的工作。

此外，精准识别是以收入的标准线作为依据，因而会存在类似于"边缘非贫困户"群体，即收入很低、非常接近贫困线的家庭。结合扶贫实际，当前各项扶贫政策福利主要是针对建档立卡贫困户，而对部分未能建档立卡的边缘性非贫困人口的支持力度相对不足，很可能会导致该群体陷入较高的社会风险中。上犹县已意识到这一问题，在

① 　林卡：《绝对贫困、相对贫困以及社会排斥》，《中国社会保障》2006 年第 2 期。

开展多维度精准识别工作的同时，也将产业项目与"边缘非贫困户"相连，提高其应对风险的能力。

为此，建议持续保持与加大对现有村集体经济的支持力度，为农村持续发展留下"火种"，完善利益连接机制，使全体村民普遍受益；探索与建立更加完善的小额信贷机制，针对"边缘非贫困户"放宽贷款条件，为农村居民的发展提供经济支持；要做好扶贫工作的动态监管，主动对接"边缘非贫困户"的需求，最大限度地提供政策支持。

三 贫困户与非贫困户待遇差异的关系

在不考虑深度贫困户的前提下，村里大部分贫困户与非贫困户在外部资源的可获得性上不会有太大差异。这与蛛岭村"半工半耕"的生计模式密切相关，一是人均土地占有量基本相同，二是外出务工面临相同的劳动力市场。因此，两者主要表现为家庭生命周期和个人努力程度造成农民收入差异，即生育孩子较多、个人较懒散的家庭收入较少，[①]容易成为贫困户，享受扶贫资源，但这恰恰会引发一个当前扶贫实践中令人担忧的现象。

由于扶贫政策强调的是发展，其给予的资源和帮扶措施是以助推贫困户实现小康为目标。随着脱贫攻坚力度的持续加大，贫困户享受的政策福利与权利逐渐丰富，因而当部分村民因以往违背计划生育政策、个人懒散等原因成

[①] 参见贺雪峰《搞清这几组关系，才能帮贫困户脱贫》：http://sike.news.cn/statics/sike/posts/2017/07/219521589.html。

功获得贫困户身份而获得扶贫资源时，特别是当扶贫资源超过非贫困户与贫困户间的资源差距的时候，势必引起村庄的不平衡，导致群众尤其是非贫困户产生不公平感，继而对政府扶贫工作的评价呈现"两极化"的趋势，影响地方治理的合法性。同时还会助长部分贫困户的"等、靠、要"思想，只单方面讲求权利而不履行义务等不良作风。

蛛岭村扶贫干部们已经意识到了这一点，但受限于扶贫政策要求、扶贫考核的方式、地方经济制约等因素，尚未能提出有效的解决办法。建议后续相关的乡村振兴政策在制定和实施前，应做好与先前相关政策（如计划生育政策等）的衔接，维护政策的一致性、合法性，维护村庄村民的制度依从性。无论是针对贫困户还是非贫困户，各项政策都应当兼顾权利与义务的双重统一关系，既要确保发展成果能够通过政策惠及农村居民，同时又要要求农村居民贡献自身力量，参与农村建设，助推乡村全面振兴。

四　资本下乡和农村发展的关系

上犹县在推动农村脱贫建设的实践中积极撬动市场力量参与扶贫，其中最为典型的是扶贫车间和蔬菜 / 茶叶扶贫基地[①]。随着脱贫建设和乡村振兴的需要，在政策推力、

---

①　这个现象在蛛岭村不明显，但在上犹县的其他地区有所发现。

农村拉力和资本的内生动力的共同作用下，[①]"城市资本"选择进入农村，通过利用政策优惠和农村低价的生产要素来产生新的利益增长，谓之"资本下乡"。

不可否认的是，资本进入确实对当地的脱贫工作产生了重大作用，但同时也存在一定的不足。一是资本所有者获取了扶贫政策产生的经济效用的大部分收益。如扶贫车间在获取政府补贴的同时，又能够利用廉价的劳动力等资源获取更多经济利益，而农村居民只能获取微薄的薪资收入。二是工商资本会"侵吞"土地产出的大部分利益。如蔬菜/茶叶种植基地，客商以廉价的流转价格获取大规模的土地，再组织农民进行生产，但实质上大部分土地上产出的效益都被客商获得，农民无法获取自己土地上产出的大部分收益。[②]基于此，建议在引进"资本下乡"的过程中要审慎思考，要最大限度确保农民的利益，使农村能够留住后续持续发展的资源。

五　经济发展与环境保护的关系

上犹县贫困的一个重要原因是生态功能定位与经济发展的非结构性矛盾。资源禀赋对产业的兴起和扩张具有重要的支撑作用，可以视为一个城市或地区早期发展的重要依托。上犹县有相对丰富的矿产资源、水资源和林木资源

---

①　赵祥云、赵晓峰:《资本下乡真的能促进"三农"发展吗?》,《西北农林科技大学学报》(社会科学版) 2016 年第 4 期。

②　赵祥云、赵晓峰:《资本下乡真的能促进"三农"发展吗?》,《西北农林科技大学学报》(社会科学版) 2016 年第 4 期。

等，具备较好的先期经济发展条件。然而，国家对上犹县的发展要求和上犹县本身的发展方式的定位是"生态发展，做好南方生态屏障的建设工作"，无形中"限制"了各种自然资源的开发。

但是，需要强调的是，这种"限制"并非结构性矛盾。"绿色"发展观念的深入人心、生态（农村）旅游的兴起、国家对生态发展的重视与扶持，都给"绿色"产业的发展留下了足够的空间。目前，上犹县在县委赖书记的带领下尝试将"限制点"转换为"增长点"，走出一条特色发展道路。比如南河湖水域改造成功吸引 35 亿社会资金的进入，生态产业链得到有效衍生，如今已涵盖旅游业、休闲渔业、餐饮业和酒店住宿等，为当地经济增长和居民收入提高做出了重要贡献。对于经济基础薄弱、环境资源丰富的贫困地区，在脱贫致富、全面决胜小康的建设过程中有能力也有必要妥善处理好发展与环保之间的关系。

六　定期脱贫和长远发展

无论是当前的精准扶贫工作，还是早期的扶贫开发工作，其目的之一都在于改善农村居民生活质量，提升农村经济社会发展水平。然而，这只能说是实现农村发展的底线要求，更为重要的是要做好乡村社会全面振兴工作。因而必须思考，随着各项扶贫政策在 2020 年后的逐步退出或"弱化"，乡村发展应走向何方，即怎样做好当前农村的定期脱贫与后期发展的有效衔接，怎样为农村发展注入持续不断的发展动力，成为摆在人们眼前的问题。结合蛛岭村具体实际，建议要坚持"同城发展"的理念，提高城乡融合程度，将扶贫资源更多用于支持农村长久发展的项目建设上。政府在逐渐退出项目管理和发展的同时，应让农村居民或组织成长为主导者，为乡村振兴"培养"一支合格的治理队伍，使其能带领农村居民依靠项目发展带动农村发展。

反贫困是一项长期而艰巨的事业，贫困治理的道路并不会因为 2020 年脱贫攻坚战的结束而结束，绝对贫困之后的相对贫困将成为贫困治理所要瞄准的靶向。处理好以上六对关系，有利于更好地维护精准扶贫精准脱贫成效的可持续性，有助于在全面决胜小康之后把我国农村建设成为富强民主文明和谐美丽的社会主义现代化农村。

附 录

附录一 个案访谈精选

调研中访谈和座谈的案例比较多，涉及了精准扶贫各方面的内容，此处仅精选了部分与本书三个研究问题有关的访谈案例和访谈内容。访谈时间：2017 年 9 月。访谈地点：江西省赣州市上犹县蛛岭村。访谈人：课题组成员。访谈对象：蛛岭村的贫困户、非贫困户、商户等 ①。

个案 1：思想前卫的集阳光伏发电厂刘老板

受访者：刘老板，男，70 周岁，象牙村原村干部，现为集阳光伏发电厂老板

刘老板身穿一件白色立领短袖，一条干净、平整的米白色裤子配上一双黑色皮鞋，瘦高的身材，俨然一副村民精英的模样。刘老板作为热情好客的客家人，见到我们进屋，连忙上前打招呼并倒茶表示欢迎。谈话中，刘老板自豪地说自己曾经担任过象牙村村干部，2011 年因当上爷爷了，需要在家照看小孙女，所以从村干部的职位退下来，专心照看小孙女。后来小孙女长大上幼儿园了，刘老板开动脑筋，在国家政策的倡导下，开办集阳光伏发电厂。

我们观察到集阳光伏发电厂位于一座两层小楼里，一层有个 10 平方米左右客厅，墙边的桌子上立了一张大板，

---

① 由于地方方言不太易懂，文中部分表述做了修改，以提高可读性。

板上用黑色记号笔写着所有来该厂装光伏发电板的村民信息。据刘老板介绍，集阳光伏发电厂是他和两位朋友合伙办厂，属于私人企业，平时有3个工人，给村民安装发电板时，如果需要人手，会临时再招募几个工人。并且，他的工人都是自己培训的当地员工，员工工作地点离家近，中午可以回家吃饭、休息，因此雇用员工成本相对大公司要低。他认为这是他们这种小企业比大企业比较有优势的地方之一。

刘老板企业的运营模式主要是：（1）接受村民安装光伏发电板的申请后，对村民条件进行审核，主要看是否满足两个安装条件，第一是自己要有房子或者有租房合同；第二是房子要合规，不能是违法乱建等房屋。（2）拿到村民安装光伏发电板的订单后，刘老板向厂家或供销商购买材料，招聘员工到村民家里进行安装。（3）向国家电网提交申请，领电表安装到村民家里，以便发电后输送到国家电网，村民自己实时查看自家发电度数。

刘老板经营的集阳光伏发电厂一年的运营成本大概30万元，一年盈利20万元左右，每个员工月工资3000~5000元。刘老板自豪地告诉我们，他一向靠自己，自己多赚一点儿，多努力一点儿，自己当自己的领导，为了自己享福也为家人幸福的生活。

关于村民安装光伏发电板的成本、获利及国家补助方面，据刘老板介绍，他帮助村民完成网上申报后，村民可以将自家发的电输送到国家电网，并可以拿到国家的补贴。另外，上面还会给予安装光伏发电的精准扶贫贫困户一定补贴，标准是安装每1000瓦的发电板，补贴2000元，1万元封顶，也就是安装5000瓦的光伏发电板县里给精准扶贫户补贴1万元，超过5000瓦的，补贴最多也是1万元。刘老板经营的这家企业安装收费标准是5000瓦发电板收费33800元，5年内保质量（5年内设备有损坏的，刘老板管更换新设备或对设备进行维修）。村民安装5000瓦的发电板利益回收情况是一年回收5500元左右。所以，这样算来，贫困户如果贴息贷款5万元（前3年免利息）来安装光伏发电板，不算中间维修费用等其他费用需投入33800元，每年回收5500元，3年回收16500元。也就是3年无息贷款到期后，成本还没有收回来。

营前镇像刘老板这样自己创办光伏发电企业的就只有刘老板这一家集阳光伏发电厂，上犹县内有两家。刘老板向我们介绍私人企业的竞争优势在于灵活，劣势在于受政府政策限制，以及宣传不到位。比如，去年县政府政策规定贫困户的业务不允许他这家小的企业承包，只允许大企业承包。另外，刘老板认为村民装大公司提供的发电设备，收益是以村集体为单位在镇上财务账上，需要镇上财政所提供账号，因为村里没有账，所以老百姓自己不知道自家发了多少电。假如村民在刘老板企业安装，就能自己管理自己，实时监控发电量，收益的钱直接打到自己的账上。

刘老板谈到村里精准扶贫工作的效果时，觉得国家大政策很好，他们这里基本做到了精准。刘老板认为，没有评上精准扶贫贫困户的村民、对评选结果有意见的村民，是那些不怎么努力的人，不愿意吃苦奋斗的人。

个案 2：不求富贵、只求健康的郑某

受访者：郑某某，男，37 周岁，已婚，小学文化，低保户，在外务工

我是一个孤儿，一个人长大不容易，也算是吃着百家饭长大的。我父母走得早，我十三周岁父亲去世，第二年母亲也走了，都是病死的，那时候家里穷，看不起病，也不知道是啥病，就知道身体不舒服，去抓一些中药来煎药吃，最后两个人还是没熬多久。我的学也上不了了，我在我叔家吃了两年闲饭，就出去打工了。我还有个妹妹，出去打工后就没有回来过，中间打过两次电话，就没信了，也不知道她现在在干什么，过得咋样，我去广东找过她，没有找到。

16 周岁，我开始出去打工，刚开始在制衣厂、玩具厂，没有技术，自己个子也不高，没啥力气，一年到头挣不了几个钱，基本就是够自己花，那时候自己生活也挺好的，一个人吃饱全家不饿。在外边没几年，我叔就跟我说，"你得自己挣钱，娶老婆呀，好歹咱家不能断了香火呀"。我自己也明白，这烂日子不能一直这样过吧，得成一家人。在玩具厂自己手慢，挣不了几个钱，我就到工地上去出苦力，虽然累点吧，但是挣得比玩具厂多一些。在外边干了好几年，我都没回家，攒了一点钱，才敢回来找老婆。媳妇娘家要的也不多，凑合凑合结了个婚，好歹过一家人。

2006 年我们结婚，2008 年生了一个闺女，本想再要

一个小子，结果 2010 年又生了一个闺女，现在妻子身体不行了，要不了了，就这两个闺女就挺好的，以后不用愁，女儿比儿子孝顺。我老婆比我小三周岁，她有甲亢病，是那种严重的甲亢，每周都得吃药，每个月都得去医院。现在给她看病是家里最大的花销，一年得 2 万块钱，这 2 万不能报销，她这个病不在报销的范围内。她这个病吧，有点疼，她自己也想不开，整天把自己闷在家里，不见人，心情也不好。幸亏两个闺女都挺好的，没啥毛病，要不然这日子真不知道咋过了。

家里也没啥收入，我出去打工一个月能有个三四千块钱收入，全家的低保一个月有个 600 块钱，4 个人，一个人 150 块钱一个月。家里的地早荒了，就那不到 1 亩地，离家还很远，为这一亩地回家折腾，还不够功夫钱。挣的钱差不多够老婆孩子花，老婆看病一年得 2 万块钱，全都得自费，这种病没法报，这个是家里最大的花销。她这个病，什么重活也不能干，只能在家里做做饭，做一些简单的家务，孩子上学、放学，她都接不了。

房子是今年开始盖的，这不是刚把地基打好，这墙刚完工，现在就差浇顶了，我们这样的家庭，只能盖一层。其实我是不想盖的，但是原来的老房子不能住人，已经快塌了，村干部找到我说，必须要把危房给折了，趁着政策在，现在建新房还有补贴，自己最多出 2 万块钱，以后政策啥样还不一定呢。我也是想着这总得有个落脚的地吧，咬咬牙，还是盖了。我们家一直不在这儿住，我在县里打工，租了一个房子，两个闺女在县里上学，老婆给我们做饭。房子不大，60平方米，在一个老厂房里，一个月200块钱租金，哪都好，就是路不好，一到下雨天都是水，出门都出不去，不过那房子挺结实的。现在盖房子，我一个星期去县里看她们一次，晚上我就在我一个朋友家的老房子里住，白天我来这里给自己干活。我自己也算一个工人，我自己多干点到最后花的钱不就少点。一大早我就来这里看着，能有啥能干的我都先干着，晚上我能干也多干点，建这个房子也是不容易。这一个月，我的生活都是凑合着，我买了一个煤炉做饭，凑合着垫着肚子，咱也不是享福的命，只要能把这房子建好，一家人能有个窝，比啥都强。

我们家的低保户在这一片都知道，大家也都没说什么，家里确实不容易。现在这个低保一年有7200块钱，也算是给家里解决了很多问题。我这个人不太爱说话，现在能有这些东西（低保、盖房补贴）都是村里给的，大家都知道我们家可怜，能有啥好处也都想着我们家。现在这一年到头，享受到的政策也就是那7200块钱，你说发展产业呀，根本不行，我一家子都不在家，怎么发展，我和我老婆也不会养鱼、种菜的，只能靠我在工地上干活了。现在的政策挺好的，村里的人也不错，你看我们一家在外边，很少回村，对村里的事务基本都不知道，但是对贫困户有啥照顾政策了，每次村干部都会给我打电话，让我回来办理，他们也算公平。

我这人没有啥爱好，不赌博、不喝酒，抽点烟，现在身体也算可以，趁着年轻，赶快挣点钱，给孩子上学用。

我老婆的身体是越来越差，她要是身体好点，我们家说啥也不会过得差的，她很勤快的，虽然身体不行，但是在城里的那个小家也是收拾得干干净净的。我打算，房子盖好了还去城里，一家人不能分开，我还得照顾她们，在家里没有啥收入，也挣不到钱，还是得去城里。等孩子再长大一点，她妈妈身体好点，我还想去外边打工，这样能挣得也多点了。你看这附近几家都是楼房，装修得也挺好的，现在我们家还落后点。不过，没关系，不求啥大富大贵的，只要一家人平平安安的、健健康康的，比啥都强。

在对村干部的访问中，我们了解到，郑某某家虽然是贫困户，但是他一直在努力干活、赚钱养家。父母的过早离世，让郑某某有了更多的从容，他讲述自己的故事，很平静，一直很缓慢地讲述，没有过多的表情。讲述的过程中，他不时抽烟，不时低头，声音很小，但对待我们很友善，几个邻居也对他很友善。现在的他每天早上6点来到自家的工地，晚上7点还在忙碌着，他总想快点结束，快点把房子盖好，好回到县城，陪老婆、孩子。

个案3：多子"多穷"的胡村民

受访者：胡某，女，59周岁，丧偶，小学文化，一般贫困户家庭，在村务农

第一次来到受访者的家，映入眼帘的是一栋2层新盖的楼房，土灰的混凝土，屋内屋外没有任何的粉饰。房子占地面积至少有120平方米，第二层的房子还没有完全盖

好，楼梯的架子也没有搭。堂屋里只有一个彩电，四个孩子坐在一个凉席上玩耍，不时还会有一些打闹。在村干部的催促下，受访者放下了田间的农活儿在中午10点左右回到家中，下面是被访人讲述的故事。

　　我们家加上我一共7口人，家里生活困难呀，孩子多没办法。我今年虚岁60了，身体不是太好，这几年累的，高血压、心脏也不好。我老头子走得早，靠我自己撑起这个家，给儿子娶上老婆，孤儿寡母的不容易。儿子今年36周岁，初中没毕业，现在在广东打工，一个月挣得不多，拿到手里才3000多块钱，这一大家子的吃穿用全靠他一个人，一年到头就挣个3万块钱，还不够他们几个花的。四个孩子你也都看到了，老大是孙女，2008年生的，老二是个孙子，2009年生的，老三、老四是双胞胎，2013年生的，两个都是个女娃，这么多娃，吃饭、上学都是问题。今年孙子被村里邻居的狗给咬了一下，心疼死我了，现在他们上学、下学都是我接送。儿媳妇比儿子小三周岁，媳妇能干，干活是把好手，但是你看这么多孩子，她也没法出去，我一个人弄不住，带出去吧，他们挣那点钱还不够给孩子交学费，现在媳妇在镇上的手机店里上班，一个月也就休息两天，早出晚归的，一个月有个1500块钱的收入，虽说不高吧，干着总比不干强，主要是离家近，可以照顾孩子，老板知道我们家的情况，她随时请假都可以，这两天她都在家里帮我收稻子，我一个人忙不过来。

　　你问为什么要这么多孩子吧？我们农村哪一家不是两个、三个的，农村人讲究多子多福。我就一个儿子，你说他受欺负了，都没有人帮他，所以想多要几个，孩子们之间有个照应。老大是个孙女，所以第二年就又要了一个，然后得了一个孙子。这其实也挺好，孩子长大一点，媳妇出去打工，我在家给他们带孩子，他们小两口出去挣钱。2012年儿媳妇又怀上了，总不能给流了吧，那好歹是个生命，再添一个孙子，这样两兄弟就不孤独了，结果生了两个孙女。孙女也好，这样就省得盖房子了，管好孩子吃喝拉撒、平平安安长大就好。现在养孩子也容易，不管说好的差的，肯定能让孩子们吃饱。现在这几个上学还不花什么钱，小学的负担没那么重，他们早、晚餐在家里吃，午饭在学校吃，一顿5块钱。现在担心的是，将来这几个都长大了，上初中、高中，四个孩子，有他爸受的了，现在也管不了那么多，过一天是一天。

　　房子是去年盖的，到现在都没盖好，没钱了。现在所有东西都在涨价，砖、人工都在涨，盖这个房子特别不容易。建房子的宅基地是我们自己家的，不需要钱，但是买砖、请人，花了快20万，这20万都是借的，东拼西凑的，我自己娘家借了点，儿媳妇也向娘家借了点。没有办法，我们自己家没有存款。房子也是孩子咬咬牙盖的，原来的房子是老房子，漏雨，住不了人了，这一片都盖新房了，我们家也必须盖，不然人家瞧不起你呀，孩子们也要长大，不盖连住的房子都没有。房子去年年底盖成现在这样，你看都没有粉刷，只是把结构搭好，我们几个住在一层，已经挺好的了。儿子一过年就出去打工了，欠亲戚的钱，慢慢还，等还完了，再把二层搞好，粉刷粉刷，这样就不错了，现在儿子压力大呀，一个人在外边一年到头拼死拼活地挣钱，养活这一家老小。

我们家的贫困户是我去村里要的，今年才有我们家，去年都没有我们家。村里一开始不愿意给，说我们家没有病人，儿子、儿媳都有劳动能力。但是我们家孩子多呀，我身体又不好，帮不上什么忙，这一大家子，生活能不困难？找到村里好几次，才得到这个贫困户。就我自己来说，我想要一个低保户，低保每个月还有几百块钱，得一个贫困户也没啥作用，没有发钱。他们（村干部）跟我说，养鸡给钱，养的鸡有30只，就给发500块钱，我想着自己也养过鸡，一年也就养个十几只鸡，给孩子们吃鸡蛋，过年了杀了吃肉。今年听他们的，多养了一些，养了50只鸡，刚开始挺好的，后来得鸡瘟全死了，鸡仔钱、饲料钱、人工都搭上了，早知道不听他们"忽悠"，现在又说养这个养那个，给补什么什么钱，我可不听他们的了，都不靠谱。最后500块钱是发了，但是这些钱还不够我的鸡仔钱，赔本呀，赔了2000块。

你说对扶贫政策的满意度呀，也没有啥满意不满意的。没有感觉有什么特殊的地方，没有发啥钱，有啥好政策我们家好像也没享受过。贴息贷款好，但是大部分贫困户贷款后没有去发展产业，而是拿去盖新房、吃喝玩乐去了。根本没有人管。现在的生活呀，还得靠自己，当然国家能给点已经很不错了。家里现在有不到三亩地，种的水稻，还种了一些菜，够我们一家老小吃的了，生活花销现在基本靠儿媳妇，儿子挣钱还债，生活以后可能会更艰难，但是还得继续。孩子们长大了，嫁人了也许会好点。

在访问的过程中，家里的孩子不时向奶奶要零食，两个小的不时打闹、哭喊，老太太一边责骂一边照顾。临近中午12时儿媳回到家中，将米压在锅里，洗好菜，然后给几个孩子发了点零食，趁着午间有时间和老太太一同到稻田里继续收割水稻。儿媳个头不高，但是看着很精炼能干。老太太个头虽高，但是背已经弯了好多。可能是我们问的问题太多，又可能临近中午，儿媳回来，急着要去干活，老太太最后已经不耐烦，一直不停地对我说问完了吧，没有啥要说的了，该说的都说了，现在就是这样，我们要去干活了……要去干活了。叮嘱好大孙女，临近中午1点，老太太和儿媳抬着农具走向几百米外的稻田，这时一家人还都没有吃饭。

告别受访者后，下午来到受访者一个同组邻居家，邻居A对这一家人的贫困户不以为然。A认为，"凭什么孩子多，她们家就可以去闹，去得贫困户，我们家就不可以，我们家比他们家还穷，我们家的房子是一个平房，她们家还是楼房呢。孩子多是理由吗？你没有能力养，就不要生那么多嘛，你违反了计划生育政策，凭什么最后国家还要给你来养孩子。我们家就遵守计划生育政策，只要一个，到最后反而我们家不能享受贫困政策。她儿子、儿媳都好好的，我儿子还有心脏病，我们家都没有得，这是什么道理。"精准扶贫政策在一定程度上影响了乡村的邻里关系。

个案 4：想给孩子减轻负担的戴老汉

受访者：戴某某，男，72 周岁，已婚，初中文化，一般贫困户，在家务农

受访者的家位于山脚下，四周没有房屋，只有一片片农田。并排的四间 2 层土房，显示出主人家曾经的富有。房前屋外收拾得很干净整洁，房前晒着刚收割的稻米，屋内的摆设虽然简单，但很整齐，农具都在并排放着。老戴给我们沏好茶，才开始讲述自家的故事。

现在这一片就剩我们一家了，儿子、儿媳和孙子们都搬到镇上去住了，其他的人也都搬走了。我们老两口现在还能动弹，自己能养活自己，现在就在这里生活，孙子们星期天会过来看我一下，这里的风景好，水好，也安静，我们老两口挺好的。就是交通不方便，不下雨没事，一下雨路上都是泥巴，出不去，这条小道现在也不修了，就我一家人，也没事，我们也活不了几年。我以前是我们小组的组长，党员，现在老了就不干了，年轻的时候爱折腾，现在老了折腾不下去了，你看这几间房子都是我年轻的时候盖的，当时在我们这附近都是大家大户才有。

我就一个儿子，他孩子多，四个，三个女孩，一个男孩，最小的是男孩。老大上初中，老二、老三上小学，孙子去年才开始上小学。儿子他不争气，什么都听他老婆的，儿媳妇娘家有钱，她娘家大哥在镇上当官。儿子现在在外边帮工，做些什么他也不给我说，一个月来不了几个电话，有事才给家里打，没事都不打的。（儿）媳妇在家

里住，给孩子做做饭，做做家务，其他的什么也不做。这一大家子指望儿子一个人，他养不起呀。我没问儿子要过一分钱，他现在有困难还要找我，上几个月他说他要做什么生意，需要钱，还从我这里拿走5000块钱，这钱是我养牛卖的钱，就被他一下拿走了。哎，不指望他还，能帮上他点就帮吧，他不容易，一大家子等着吃饭呢，他也没有本事。

我现在有心脏病，太重的活也干不了，人老了，没有以前的精神头了，这心脏病要按时吃药，现在看着还没问题。老婆子现在问题大，傻掉了，时好时差的，去医院检查，说是老年痴呆。以前都老忘东忘西的，现在更是不行，严重的时候，连我都不认识。现在还好，还能帮家里干些活，她干活细，洗衣、做饭、做家务都干，现在清醒着也干。病一犯，她现在还骂人，今年还住了一次医院，花了5000块钱，报了2000多块钱。我现在的任务就是照顾她，不能让她走丢，让她有口饭吃，老伴老伴，老了就是伴了，现在她有我照顾，以后我也不知道有没有人照顾。

贫困户是我去组里找组长说的，组长是我本家侄子，了解我家情况。我们两个身体不好，他也明白，所以去年我和我老伴是精准扶贫户，但是你说我和我儿子、儿媳户口都没分开，为什么我们是精准扶贫户，我儿子、儿媳一家子不是呢。我又去找他们（村干部），我们家又没有分户，我们都是在一个户口本上，找了好几次，他们又给我家"扶贫一本通"加上我儿子、儿媳的名字，但是没有加孙子、孙女的名字。我又去找他们，这些孩子也在户口本上，都是在的，对不对，我们都是一家子，为什么我们有，他们没有，精准扶贫户，说的是户，不是人，哪有扶半户的，找了好几次，现在加上老大、老二的，老三、老四还没有加上。现在办个事情不容易，为了给孩子们加上，我打电话，去村干部家里找他们，一次又一次。

现在国家政策好，贫困户的扶助政策也不错。我去年买了三头小牛养，给补了5000块钱。本来没想养这么多的，我以前养牛，也就是养一头、两头。这不是我看那个本子上写养一头牛，买的时候给补助1500块钱，三头牛给补助5000块钱。现在养牛不好养，这一片都是水稻，不能随便放，得给牛割草，我现在老了，割不动，每天出去割三头牛的草，累人。去年养牛还可以，今年不行了，养牛赔本。现在国家政策有补助，只要贫困户肯养，都给补钱，所以养的人就多了。镇上的几个牛贩子卖小牛的时候就加价出售，一头牛比市场价要贵个500块钱，买的时候想着没有关系，反正一头牛补贴1500块，还是可以养。买回来三头牛，这三头牛我养了快一年，除去饲料钱、人工钱，现在养牛不划算，赔本呀。牛卖不上去价钱，便宜得不行，我现在再等等，看看有没有变化。镇上只有一家收牛的，就他一家，他们把价钱压得很低很低，没有人跟他竞争，你不卖给他，你就卖不出去。我们这个地方山多，外边收牛的也进不来。现在这附近养牛的也多，收牛的也不缺牛收。可是你算算，这一来一回，养牛根本就赔钱。买的时候要贵，卖的时候又便宜，赔钱赔钱呀，我这一年的人工全搭在这三头牛上了。我现在还有2头牛，想再等等，等快过年了，看看有没有变化，价钱能不能提一些。明年我就不养了，养不动，累人，还不挣钱。

现在家里的困难就是这个房子，你看，外边都挺好的，这屋顶都是好的，这柱子都是好木材。就是这堵墙，墙歪了，你看看，中间已经凸出来，我想把这堵墙给拆了，用砖重新砌上，这样这个房子再过个二三十年也没事。这个属于危房改造吧，我看这个本子上说，做这个也有补贴。现在就需要儿子回来，他决定，我给他打过几次电话，让他回来看一下，他一直没回来。修这个墙，我不要他出钱，我自己出钱，但是他得回来看一下，这房子以后是留给他的，我们还能住几年？他们镇上的房子在2楼，我们也住不了，爬不动，那房子还小，人又这么多，我俩就在这个老屋里养老就行，也不指望他们什么。他自己能挣钱养活他一家人就行，我不指望他，他不过来跟我要钱就行。

你说我们家的扶贫效果，我觉得不怎么样，效果一般。养牛是给补钱了，到头来还不是赔钱。没有其他的帮扶政策享受，现在我就想他把我两个孙子的名字给加上，现在本子上的名字还不全。你说扶贫干部很少来？我侄子我一打电话还来看看我，有什么问题，他也给我解决，村里的干部工作也都忙，我一般也不想打扰他们。我们这个地方不是移民区，你看下边是水库，正好我们家在移民区外，我现在就守在这几间祖宅上，老了再说老了的事，现在只说眼下，以后的事再说吧，儿子总会管碗饭吧。我们两个现在吃的米、菜都是自己种的，自己也养鸡、鸭，这生活都够了。需要什么东西了，给大孙女说，她会带过来，他们现在一周来一次，每次来我都给他们做好吃的。儿子不如孙子呀。现在的生活得靠自己，能省几个就省几个，等我们爬不动了，自己能做口吃的就行。

生活在山脚，没有人烟，但是戴某的家却很整洁干净，庭前屋内显示出老人对生活的追求。他对政策比较关注，整个扶贫"一本通"搞得很清楚，我们走进他家中的时候，老先生还在看着中央新闻。

个案5：钱不够花的扶贫车间的制衣女工

受访者：钟女士，37周岁，曾在中山服装厂从事制衣工作，现为上犹县营前镇扶贫工厂——安与源制衣厂的女工

钟女士一家5口人，分别为丈夫黄先生、大儿子、3周岁的小女儿以及72周岁的公公。大儿子在营前中学就读，小女儿今年也开始在镇上上幼儿园，家庭能够享受到教育补助，因而不存在较大的教育压力。公公虽然年纪较大，但身体较硬朗，不需要服药，日常生活能够基本自理。

钟女士婚后和丈夫一起在中山服装厂从事制衣工作，实际上钟女士在未成家前便在制衣厂工作了。后来，钟女士的第一个孩子出生，并未对钟女士家庭劳动力流动形成较大影响。孩子出生后3个月，钟女士夫妇便外出务工，由其公婆完成家庭农业生产和照顾下一代，为家庭发展提供了经济基础。

后来，钟女士和丈夫决定要二胎，便生了小女儿。然而，小女儿的出生对家庭的劳动力流动造成了巨大影响。在钟女士的小女儿还未出生之前，婆婆已经离开人世，只留下年事已高的公公，公公已经不具备进行农业生产和照养第三代尤其是小孙女的能力。值得注意的是，此时丈夫的兄弟关系发生了微妙变化，完全依靠老父亲照顾子女已不具备可行性。为此，钟女士和丈夫经过协商，重新进行了家庭分工，即丈夫仍旧留在中山务工以挣取更多工资，而钟女士则留在家里照顾孩子和老人，形成了"以性别为基础的半耕半工"的家庭劳动生产模式。

随着孩子的升学，家庭逐渐过渡到平稳时期，处于有序发展之中，丈夫成为主要经济支持者，钟女士仅作为家庭经济的补充者。生活转折发生在小女儿出生的第二年，老人可以部分承担照顾小孙女的责任，并且钟女士觉得农业经济附加值太低（不挣钱），考虑到自身具有一定的制衣技能，便自己寻找到安与源制衣厂，从而实现了在家门口就业。

钟女士就业方式的转变对整个家庭的生活方式产生了重要影响。由于钟女士是家中唯一留守农村的劳动力，同时镇上就业的方式使得钟女士没有能力能够同时兼顾农业生产，于是家庭放弃了传统的农业生产，仅种植一些家庭所需的季节蔬菜。

钟女士每天需要工作8小时，其他时间照顾家庭，一般一个月可以拿到1200~1300元。这个工资水平对家庭意味着什么值得我们去思考？钟女士的原话是"家里不能碰到什么大事，否则就要借钱。钱远远不够花，只能靠远在中山的丈夫支持，家里人不能生病"，整个家庭经济脆弱性一目了然。在访谈快结束时，钟女士提道，"这几年只能先这样熬一熬，等孩子大了，家里没有牵挂了就再出去打工"。

个案6：政府扶贫下的"弱者"
——制衣作坊的小老板

受访者：张先生，男，45周岁，早年曾在福建制衣厂从事缝纫工作，现为营前镇内一制衣小作坊老板

张先生一家5口人，两个孩子，其中最小的孩子今年4周岁，父母均年事已高，妻子一人在外工作。值得一提的是，张先生的父母生育了1个儿子和2个女儿，由此赡养父母的责任主要由张先生承担。

回乡创业之前，张先生在福建制衣厂从事缝纫工作，经过长期的经验积累，成为一名技术娴熟的工人，收入相对客观。与大多数农村家庭一样，张先生和爱人之所以能够安心在外务工，也是由于张先生父母完全承担了农业生产和照顾第三代家庭成员的责任。后来，张先生夫妇决定要二胎，张先生的爱人回家生育，张先生依旧留在福建务工。

随着第二个孩子的到来，原有的家庭分工被打破。由于父母年事已高且父亲身体欠佳，原先还能勉强同时照顾儿媳妇和老伴儿的母亲已经不能够继续从事这项工作，由此张先生"被迫"脱离原有的工作，回家承担起照顾家庭的重责。张先生感觉那个时候整个家庭经济状况开始走下

坡路，于是回家后的张先生不断寻找工作，但都因为工资太低无法养家，最终选择创业，开设制衣小作坊。

今年是张先生创业的第4年，目前已经有6位固定员工，实际上这些员工的流动性也很强；同时，凭借着个人的交际能力，张先生能够从赣州市获取稳定的订单，由此面临的发展障碍主要是员工不足。我当时听到这里的第一个反应是可能是张先生给的工资太低，所以没有人愿意来这边工作，毕竟作为县里支持的安与源制衣厂有着好几百的工人。

然而，张先生的回答却导致我去思考此前不曾想到的问题。促进劳动力转移就业是上犹县推进精准扶贫精准脱贫的重要举措。上犹县形成了具备地方经验特色的"工厂＋建档立卡户"的"扶贫车间"，会给予开设扶贫车间的工厂一定优惠，并且帮助其进行宣传和招工。长期发展下来，开设有"扶贫车间"的工厂与民间的小作坊间的实力差距就被进一步拉大，但类似张先生这样的小作坊对建档立卡户的扶贫作用并不弱于扶贫车间。根据对两个工厂的工人的访谈，可以发现贫困户的工资相差不大，完全也是靠个人加班或者技术。这里面或许隐藏着福利政策的公平性问题。

个案7："无奈"的工作——电子厂的女工

受访者：陈女士，女，32周岁，曾在广州鞋厂上班，现为上犹县扶贫车间——电子元件配件加工厂的女工

陈女士一家5口人，分别是：35周岁的丈夫、14周岁的女儿、11周岁的儿子和约70周岁的家婆，其中女儿和儿子都在镇上上学，分别就读于营前中学和营前小学，家

婆的身体越来越差，需要常年服药。

早年间，陈女士由于家庭经济状况差，于是没能继续学业，小学没上完就辍学务工，这可能是陈女士坚持让孩子接受教育的原因之一。后来经过朋友的帮助，陈女士学会了制鞋工艺，慢慢成为厂里的熟练技工。据陈女士回忆，回到农村老家之前（五年前），她每个月加班后能拿到5000元左右的工资，这已经是一份很高的工资。因此，夫妻两人每个月大概能有10000元的毛收入。需要补充的是，在此期间，陈女士的家庭属于典型的"以代际分工为基础的半工半耕"的劳动生产模式，家婆承担了家里农业生产和照养孩子的责任。

后来孩子越来越大，家婆的身体也越来越差，甚至到了需要依靠长期服药才能维持生命的地步，留守家庭已经没有能力进行农业生产和照养年轻的子女，陈女士和丈夫就面临着抉择困境。经过夫妻之间的协商，陈女士与丈夫做出新的分工，即陈女士回乡照看家庭，丈夫仍旧留在广州务工。

回家后的陈女士成为农业生产和家庭照顾的主力，甚至可以说是唯一主力，面临着多重压力。刚开始，陈女士仅从事农业生产，而且以种植粮食作物为主，因此家庭经济收入较以往有大幅度下降。同时，子女的入学和升学等费用和家婆的治病费用却在逐渐上升，家庭也就逐渐陷入贫困。在精准扶贫实施后，陈女士一家也就"理所应当"地成为建档立卡户。陈女士成为贫困户后，营前镇政府和村"两委"一直积极帮助陈女士寻求脱贫方法。然而，据陈女士所言，其最终是靠自己寻求到这份工作的。

在听陈女士讲述自己工作时，明显感受到陈女士"无奈"的心情。如前所述，陈女士在五年前就已经月工资达5000元，是一位具有熟练制鞋技艺的员工。然而，回家以后却发现没有办法找到任何与自己专业技能相关的工作，于是陈女士被迫成为"无技能者"。然而，家庭生命周期的推进使得陈女士必须要开始工作，为家庭提供更为"强劲"的经济支持，于是最终来到现在的工厂。令人感到辛酸的是，陈女士每天需要工作8~10个小时，但是每天收入仅在50元左右，且需要自己负担吃住。由于陈女士选择在厂里上班，她便不再对农业进行精细化管理，当然这与农业的经济产值有着密切关系，农业种植仅为了口粮，不再像以前那般直接为家庭提供经济收入。

在陈女士的讲述内容中有一项引起了我的注意。当问及陈女士为何不去工资收入相对较高的工厂时，发现政府的培训工作有所不足。陈女士也想过去制衣厂等工资较高的厂里打工，但是她不具备这样的技能，而且也到了不适合私下去找师傅学习的年纪，所以其只能"远离"，而并非其不愿意。她进一步谈道，政府并没有对她安排过任何的培训，所以她选择了这里，因为操作简单且老板娘会组织培训，这是其他工厂所不能提供的"福利"。

在结束访谈的时候，陈女士说出了她的打算。她准备等家婆百年以后，再去制鞋厂务工，目的是还债和为家庭积累发展资金。希望到时候数年不曾外出的陈女士仍然能找到一份合适的工作。

个案 8：打工与挣钱的朱先生

受访者：朱先生，52 周岁，早年曾在外从事建筑工，现在在家务农和照看孙子，访谈内容主要是了解其儿子（以下简称小朱）的流动状况

朱先生就一个儿子，两个女儿已经出嫁，也就没有和儿子分家，一家 5 口人住在一起。小朱初中辍学以后就同村民一起外出务工，现在也有近十年了，主要在外从事制衣工作。在外务工期间，小朱认识妻子，两人很快就结婚了。需要加以补充的是，小朱在这期间换过工作。刚开始时是随父亲一起从事建筑工作，后来考虑到成家问题，于是在同乡的介绍下进入服装厂务工，认识了现在的妻子。婚后，小朱夫妇很快便生了儿子，现年 5 周岁。在儿媳妇生产期间，朱先生的家庭进行新的分工。原先，家里仅有小朱的母亲留守，从事农业生产，小朱夫妻和朱先生均在外务工，这个时候是家庭劳动力流动最为密集的时刻，也是整个家庭经济状况最好的时候。后来，儿媳妇生产需要人照顾，小朱母亲无法兼顾农业生产和照顾儿媳妇，所以这时朱先生选择回归家庭，协助妻子照看家庭。一直到小孙子 3 周岁之前，家庭劳动力流动不积极，仅有小朱一人在外务工，因此家庭经济状况有所下降。

转折发生在小孙子 3 周岁时，考虑到家庭的实际需要和老人的身体状况，小朱再次和媳妇一同外出务工，形成了"以代际分工为基础的半工半耕"的家庭劳动生产模式。值得一提的是，儿媳妇外出务工有管束小朱的意思，

因为小朱花钱大手大脚，实在无法存钱。小朱媳妇外出务工没有遇到任何困难，是直接选择进入原来的老厂工作。一方面是原先在那里工作过，比较熟悉，容易进入；另一方面就是小朱媳妇技艺娴熟，也是厂里急需的技工。在我的一再提醒下，朱先生仍是坚持认为儿媳妇外出务工没有遇到任何困难，也没有接受过任何政府提供的服务，包括没有介绍工作和培训。

现在小朱夫妇两个人每天各自需要工作14小时左右，一个月偶尔休息一两天。然而即便是这样的高强度工作，小朱夫妇两个人加起来每个月也只能剩7000元。按照朱先生的说法，小朱夫妇的工厂虽然提供住宿，但是条件极差，因此小朱夫妇两个人在外面另外租房，方便日常生活。同时，加上吃饭等日常花销，所以剩余的钱不多。朱先生对此也表示不满但也充满无奈，他希望孩子多挣点钱，然后再生一个孩子，家庭才会越来越好，但他知道这很难。

当问到希不希望儿子在家门口工作时，朱先生的心情很纠结。他尽管希望儿子能够在身边，这样也能照顾家里，但是家里工资实在太低，所以最终还是希望儿子外出打工以挣更多的钱。这折射出劳动力流动给一个家庭带来的亲情分离，值得我们思考。除却儿子外出务工，朱先生也希望自己能够找一份工作，或者说是临时工。朱先生有着丰富的建筑工经验，同时营前镇前两年开展异地搬迁工作，所以朱先生能够获得一份工作，为家庭运转提供支持。然而，现在建筑活已经逐步减少，朱先生也无法进入如制衣厂和电子元件厂务工，被迫"完全"从事农业生产，劳动力利用率较低。

个案9：因病致贫、有心却无力创业的黄先生

受访者：黄先生，45周岁，曾经是广州某公司的基层小主管，现在在家从事农业生产和照顾小孙子。贫困户

黄先生原本有一个幸福的五口之家，妻子、儿子、儿媳妇和小孙子，一家三代其乐融融，家庭经济状况比较好，全家生活比较舒适。这个时期内，黄先生妻子在家照看小孙子，黄先生和儿子、儿媳妇都在外务工，主要劳动力都实现了有效转移就业。然而，2016年黄先生家庭遭遇巨变，妻子查出绝症，并在花光家庭积蓄和负债累累的情况下离世，从而整个家庭结构发生巨大变化，经济状况跌落谷底。由此，黄先生一家也在2016年底被选为建档立卡户，享受国家扶贫待遇。

黄先生在处理完妻子后事以后，家庭劳动力面临着新一轮分工，在黄先生和儿子、儿媳妇中必须有一个人留守农村家庭，从事农业生产和照看小孙子。最终，经过家庭内部的协商，黄先生选择留守，儿子、儿媳妇继续外出务工。用黄先生的话说，自己在外的工资虽然比儿媳妇高，但是他们还年轻，需要多出去闯闯。至此，黄先生家庭再次回到以往的劳动生产模式，即"以代际分工为基础的半工半耕"模式。在谈到养殖扶贫时，黄先生对此扶贫项目的评估不是太满意。他说，"以前自己家就是养十几只鸡，用来下蛋吃，即使出现鸡瘟，鸡死了也没有太大损失。现

在政府说养50只以上就可以有500元的补贴，我就去集镇上买了60只小鸡仔，本来我们家就不富裕，家里的空间也不大，我很小心地喂，等再长大一点就可以拿去卖了，一场鸡瘟，死了大半，补贴也没给我发，说数量不够，这不是骗人嘛，早知道我就不养这么多了。"

需要强调的是，黄先生今年只有45周岁，并且拥有丰富的工作经验，准确地说是管理经验，所以黄先生不同于一般的滞留人员与农村的年老劳动力。前几年，蛛岭村推行异地搬迁等工程，由此黄先生可以在镇上（村里）获得一份临时性工作，每天能够获取50~60元报酬，从而维持基本生活。自从改造项目结束后，黄先生也就失去了工作，加剧了家庭经济困境。黄先生在整个访谈过程中一直强调自己不愿意享受国家低保政策，目前是真的没有办法，但是他希望政府能够给他一笔贷款，他自己就能够创业开店，能够实现自我脱贫。我很好奇黄先生为什么有这么强烈的创业想法，而不是选择就业，在对黄先生的后续访谈中解开了这一疑惑。在黄先生看来，营前镇没有适合自己的工作，更精确地说营前镇也难以为他提供与之前工作经历相类似的工作，所以黄先生不得不退居农村。另外，黄先生毕竟在大城市打拼了30余年，有着长期固守营前镇的居民难以具备的经验和眼界，所以他认为可以通过创业实现自我财富积累，达到脱贫。

回到黄先生的创业意愿上，我们发现黄先生从没去找过政府工作人员，也没对定点帮扶干部透露过自身想法，在他看来现在已经很麻烦政府了，不应该再为政府"添麻烦"，实际上政府有这项支持，足可见黄先生对扶贫政策尤其是就业创业这一块的政策了解有所欠缺。这一欠缺也从侧面反映出来扶贫工作人员对政策的宣传力度或宣传方式存在一定程度上的不足。

个案10：向调研组咨询扶贫政策的村民陈某福

受访者：陈某福，男，66周岁，老伴重病，与老伴及孙子、孙女居住在陈旧的老房子里，主要工作是照看孙子、孙女。他在私营光伏发电厂的刘老板那里给自家安装了光伏发电板。贫困户

陈某福一家6口人，老伴重病在身，虽然能走动，但是虚弱瘦小，干不了重活。儿子在当地矿上做苦工，儿媳在杭州电子厂上班。一个孙子一个孙女都在营前高中附近读二年级，每天推自行车30分钟送孙子、孙女上下学。早饭、晚饭在家里吃，中午饭在学校吃，一年2100元。前些年儿子在云南打工，搞电焊，现在因为云南下雨，所以回到家里这边，在矿上工作。当时去云南也是跟熟人一起去的。儿媳在杭州电子厂工作，是儿子之前带儿媳去的，儿子不适合在电子厂工作，就只有儿媳留下了。儿媳没跟儿子结婚前也是在电子厂工作。

去年2016年陈某福个人被选上了低保，2017年1月1日他家被选上了精准扶贫贫困户，是因病致贫。据他回忆，评选经由队上4个小组开会讨论决定。他去年办了低保，老伴没有低保，自己一人领了两个季度的补助（一个季度480元），共960元。还有一个冬春补助500元，村

里承诺每年补助 2000 元，但是访谈时还没拿到。今年低保没有了。贫困户的补助还没有拿一毛钱。平时养鸡、养鸭，花了 1000 多元，补贴 2000 元。每个月有 80 块钱的老人钱，新农合也买了，一年 150 元，自己交。今年的新农合，去年 12 月就交了，可能因为去年还不是贫困户，还是自己交，到今年 12 月交明年的新农保时就不用自己交了。

早年儿子因打工身份证难办，儿子结婚前就跟儿子户口分开了。现在户口上只有老两口两个人。陈某福对扶贫政策特别关心，但对有些政策理解得不太清楚，向我们咨询户口问题。他说，不清楚户口是不是应该跟儿子合在一起，合在一起的话，孙子、孙女上幼儿园就可以得到每学期 1500 元补助了，但是现在他们的户口分开了，贫困户户口本上只有他和老伴两个人。他认为自己早就该是贫困户了。但由于户口本上只有自己和老伴，发愁孙子、孙女上学的补助钱拿不到。

陈某福很有生活的干劲，本来计划要挖塘，但由于村里说不让搞而作罢了。家里有 6 分多地，种了稻子，平时都是叫女儿来帮忙收割。平时开支没有计算过，基本上是吃自己种的米，买些油、调味料之类的。对于光伏发电，陈某福说，在自家没有被选上贫困户之前已主动请刘老板厂往自家屋顶安装了光伏发电板，被选上之后，按村里说法每个贫困户每个月能拿到 2000 元补助，想申请政府的无息贷款装政府提供的光伏发电板，但是因为自己年龄超过标准，不能申请 3 年无息贷款。

陈某福有腰病，有时候腰疼得站不起来，但现在没去看病，认为吃药没用，要靠吃酒缓解症状。并告诉我们，要根治的话得换骨头，几年前的价格是几万块钱，现在不知道要花多少钱，表示没有钱去看病。当问到对养老的看法时，陈某福回答说，"养老没有保障，女儿都嫁出去了，没有多少钱给我们了。儿子呢，结婚了，孙子、孙女都长大后，不确定儿子会不会再管我们。反正我们做到了自己的责任了"。

个案11：返乡创业的农村淘宝店钟老板

受访者：钟老板，男，45周岁，已婚，返乡创业者，现为农村淘宝店老板

钟老板之前在外地打工，这几年回乡创业开农村淘宝店。选择回乡创业的原因是觉得家乡比较亲切，老乡们没套路，本着回乡创业、开淘宝能够照料到家人，同时也是一件服务村民、为村民省点钱的好事，这是一条全新的商业道路，能够帮助村民与外界互通有无，加快本地经济发展。钟老板还说农村淘宝的理念是推广产品，服务大众，为村民省钱，但是由于民众对电子商务了解甚少，信任度低，农村淘宝在本地发展没有想象得好。

钟老板淘宝店的主要业务内容是为村民提供一键下单服务，即村民到农村淘宝店，在店里的电脑上浏览所需购买的商品后，把确认要购买的商品告知掌柜，掌柜帮忙下单、付款、收货，等货到后，掌柜通知村民来店里取货，合适的话交钱购买，不合适就退货。淘宝店的赢利模式是主要搞一些商品的推广，虽然是以服务大众为基础，但是

没有收入也是不行的，需要利用这个平台，为村民省一点钱、服务村民的同时也挣一点钱。同时，村民也可以把自家生产的蜂蜜等土特产带到农村淘宝店，掌柜帮忙在网上出售，主要是通过自己的朋友圈宣传，都是靠私人的人脉关系。农村淘宝店的掌柜有一个东南大区微信群，可以通过各地掌柜间的交流，互通产品。农村淘宝有一个平台叫"家乡味"，通过这个平台可以把自己的土特产上传到这里，"可以让别人看到你这里有这个东西在卖，想买的话，可以通过下面留下的联系方式联系卖家，通过邮递的方式实现买卖"。钟老板平时也管代购、快递运送，这块业务能够盈利。

钟老板在天猫、淘宝进货，有些是天猫上的样品。自己先垫付资金，老百姓过来看着好了，可以先试用，好了再付钱购买，当然老百姓有的会自己下单，离站点2公里内免费配送。开办农村淘宝店的程序一般是，阿里巴巴在县里面召集人员，经过几期培训后就签订协议。阿里巴巴在县里面专门有培训基地。钟老板说他自己以前四处奔波，做过很多，在工业园那边上过班，但家里面有老人、小孩需要照顾，就回家了，虽然家里面挣钱少，但可以照顾到家里。

镇上有淘宝店30多个，钟老板的店是属于蛛岭村的。如果两个站点距离比较近，覆盖面积有重复，就会引起临近站点间的竞争。现在一半的店基本上处于没有盈利的状态。钟老板这个店的租金是每月300多元，为了省钱没有租地段好的店铺。钟老板说附近住的人收入比较低，有些文化程度比较低的人根本不相信这个。平时来这里买东西的老人就是现金交易，年轻人就会用微信、支付宝支付。开淘宝店最大的困难是卖出去的东西少，认为原因是缺少宣传，老百姓对淘宝店了解少，导致收入提不上去。

在谈到精准扶贫时，钟老板认为阿里巴巴做得很好。他提到阿里巴巴有比较多的扶贫政策。比如，针对一些贫困的老百姓，递交申请、通过审核后，阿里巴巴会给他们送摩托车等物资；针对没有工作的人，阿里巴巴也会在收到他们的申请后，帮助他们填写资料，交给那些愿意在农村淘宝招募员工的企业，然后把工作信息推荐给没工作的人；针对孤寡老人，阿里巴巴在大年三十还会请他们一起吃年夜饭；针对开农村淘宝的店主们，阿里巴巴也会给他们相应的补贴支持。

个案12：勤恳工作、兢兢业业的村干部叶某龙

受访者：叶某龙，男，37周岁，已婚，初中文化，非贫困户，村干部

叶某龙是蛛岭村的扶贫专干，本地客家人，自祖父辈开始从河南迁到此地，刚当上村干部不到三年，当村干部之前在云南务工，开车。经过竞选，成为村委之一。下面是精简的访谈记录。

我家是一个四口之家，我有两个子女。两个都在上学，老大是女孩，2006年生的，在镇上上小学，老二是儿子，2011年生的，也在上小学。两个孩子都听话，也很孝

顺，基本是我老婆在带他们。我老婆比我小4周岁，她在镇上找了一个工作，随便干一点，能挣一些挣一些吧，我这点工资太少，养活不了一家子。老婆在家里做饭、做家务，地里的农活啥都干，她这几年也辛苦。

我是2014年换届上来的，本来没打算当村干部的，没有想过这回事。是陈书记来找我谈话，说"你现在在家里闲着，能力也不错，去竞选村干部吧，也算是有份工作，也一起服务服务老表"。我以前在外边给人家开车，养甲鱼挣了一些钱，但是我身体不太好，肺部疾病，不能干体力活，加上那时候我父亲生病在家，需要人照顾，我就回来照顾他。收到陈书记的邀请后，我也想着在家里事情也没太多，就去竞选村干部，没有想到还选上了。现在工作太难做，收入太低了，又是全脱产。本来我有事情干的，现在一点事情都做不了。从前在我爸爸那里养甲鱼，现在都荒废了。而且，心里承受不起。

现在的工作安排量太大了，现在县里周末扶贫日，本来不关我们的事情，但扶贫干部上来了，我们不可能在家里，总要接待一下，带人家上户，协助验收，不管人家什么时候来，我们都要在，基本上没有双休日。最近的那个扶贫App，贫困户根本不会写，需要帮扶干部帮着弄。我是村里的扶贫专干，我自己都不知道我这一年填了多少表，没有1000也有500张。好多信息重复填，反反复复，很多表其实没有必要，表可以填，你填一个详细的表就可以，何必做那么多表，还不如多做点实实在在的事情给老表。现在政策的文件也多，每个月都有几个文件，关于扶贫、各种产业验收、信贷通，都是事情，这些政策我们刚开始也不懂，都得一个一个学习，讲给老表，很多老表不认识字，你得多给他讲几次，他才明白。

我们村跟别的几个村差别很大，我们村要坐行政班。村部在镇上，又是中心村，各种检查、各种事情，我们跟正常的公务员没有区别，甚至比他们还辛苦。加班都是常事，村子大了，老表也多，现在的扶贫政策也多，一项加一项，任务越来越多。我自己加上社保是1100元，到手只有980元，这点钱根本干不了什么的。老表有时候还不理解，一个星期吵架总有一次，还到家里来吵。来吵他家低保为什么被下了，他家的贫困户被下了。这都是七清四严清理的，我们是严格按照上级规定来操作的，现在哪还有说用了他们的钱的说法。来家里吵，我没什么，家里受不了。本来在家里，我就没有帮上什么忙，还给老婆、孩子气受。

其实本来去年我们已经脱贫，今年回头看，纳入50多户，结果我们又返贫了，又重新搞。现在有的贫困户说，脱贫的标准太低了，生怕自己享受不到政策。即使是贫困户，现在有光荣脱贫证，他们也不想要，贴了脱贫证，你一走，他就撕掉了。我们给他讲政策。我们扶贫不是慈善，达到了标准，就要脱贫，再说脱贫不脱政策。我们说不是你一个人脱贫，其他人都脱，2015年就有人脱贫了，还是享受政策。这么说的话，老表们还是清楚的，还能有点作用。

以前，虽然也有贫困村、贫困户的说法，但是没有什么大的政策帮助，大家也不会说去争这个贫困户。现在不一样了，自从去年有政策享受以来，就明显不一样了，2015年，也有贫困户，大家无所谓，没有人争。哦，政策来了，新农合免费、种菜有奖补、养鸭子还给钱，现在就都争着要。选不上的一些老表可能嘴上不说，但心里会很不高兴。现在大家有比较心理，他们不是感觉贫困可耻，当然也不是觉得光荣。就是觉得你得到贫困户是有本事，我家没有（是我家没本事）。现在邻里关系也不是很融洽。像现在人家盖了新房子，你后面是公共的地方，你自己养鸡，还有钱得，臭味我们闻，人家心里就不舒服。你养的更多，心里更不舒服，会刺激到他。本来和睦还好一点，如果本来不和睦，就更差了。另外，养鸡、养鸭，本来就是老表在做的，政府即使不给钱，他们也会养，只不过因为有数量的要求，多养一点，就可以领到一定的补偿。但是，现在成了政府要老表们养的了，鸡得病死了反而骂我们让他们养。

叶某龙是村里主要的扶贫干部，他的电脑桌面上有大量要填写的表格，办公桌上也有大量的政策文件。他人很瘦弱，但工作起来的认真态度也给了我很深的印象，在我们访谈的过程中，一个老表跑到办公室，拍桌子冲他大喊，为什么下了我家低保。虽然这一家人是贫困户，但是低保实实在在的利益，让这个老表对村干部很不满意。叶某龙解释原因，老表并没有去听，只是声音越来越大地冲他大喊，客家语言没有让我听清楚讲了什么。吵着吵着，叶某龙生气了，老表骂了他，眼里也有许多伤感。几名村干将那名争吵的老表劝走，叶某龙一个人在办公室里继续忙碌、填表。

个案13：怀揣理想、为民实干的村书记陈源健

受访者：陈源健，46周岁，蛛岭村党委书记

我们村是2015年被选上贫困村的，属于"十三五"贫困村。"十二五"的贫困村没有特殊政策，过去了就过去了。作为贫困县的村，村和村之间差别不大，现在到我们了，但没有想到有这么大的动静，这么多的政策。

我们这里贫困户识别是先摸底形成名单，再在组里开会，对这些名单提出看法，如果有不同意见的，再提出来。一般来说，组里不会有多大异议。驻村工作队和村干部一起摸底，一起开会；在小组里评定贫困户；在小组里公示（贴在小组的公共场所，大家经常聚会的地方；靠村民的日常交流），没有异议再提交村里。由村民代表大会审议，第一书记全程参与大会。村民代表大会通过以后（小组长，党员代表，人大代表，在本组有威望的人参与评定）。由村支书来一户一户地介绍情况，让大家提出意见，进行排名，分成A（住房没有保障，一个人，没有任何收入，多病）、B（没有发展动力但有住房，有点智障，收入低，家庭遭受重大变故的）、C类（家庭状况、住房不会出问题，没有大灾大难，就是贫困，没有收入）几类。

没有选上的，会来闹。来闹的人，不会说别人，只说自己的情况。我就摆道理。一定要熟悉这些人家里的情况，才可以把闹的人说服。一定不能先表态，要了解事

实，再回复。一年十几二十人次来说，都是有的。选上了贫困户的人，没有来闹的。我们这里没有越过村里自己去上面闹的，还是都按程序来走，不会给村里抹黑。我们不会违背原则去做事情。如果做到了公平公正公开，就可以理直气壮做事情。

我们村有278户贫困户，脱贫的数据在变化。贫困户因病最多，慢性病居多，其次是重大病，还有因残、因资金技术、因学等原因致贫的。低保户有296人，187户。我们村里深度贫苦基本没有，达不到"两不愁三保障"的人几乎没有了。

自被选上贫困村以后，我们村有了变化。交通、水利、通信、电力、动力、村庄整治等基础设施方面完善，村集体经济改善，有了精准扶贫，各方面受到积极影响，速度加快，如果没有这些政策，肯定没有那么快。对于国家层面来说，作为贫困县，没有村和村的差别，大家一起干。去年刚开始，省定的贫困村是先开始投钱，但从今年开始，不管是不是贫困村，都要投资，没有太大差别，投入一个贫困村398万、非贫困村200万基础设施。

我们村的光伏发电资金来源有社科院的250万，县里拨的贫困资金100万，贫困户产业帮扶资金200万。占地15亩，是5个村民小组的地，每年给8000元租地费，是他们小组的分红，这个地原来是荒地没有使用，填这个鱼塘花了30万。每年65万~70万度，大概65万~70多万元收入。村级发电站产业扶贫项目也带来了一定的村集体收益，不至于让本村成为空头村，村里有了收入，就可以把这些钱用到贫困户身上。同时，这样村里也有了抓手，对那些不愿干活的懒汉，也有一定的制约作用。国家补助的还没有来，从去年到现在只发了一次500元/户。我们自己管理，有一位村干部每天去管理，300元/月。光伏板下面不种蘑菇了，种了麦冬，明年才知道是否有收益。贫困户去做工帮忙一下，搞一次，80元/天。农村人不会磨洋工。

除了光伏，我们也想过搞其他产业。想搞特色种养，搞药材（麦冬）、养狗。摸索进行，没有评估，如果可以，再大一点投入。村里有一个茶厂，所有工作都是聘请贫困户做，现在养鸡、养鸭的多了，价钱就低了，销售有风险，违背市场规律。不能让他们自己养自己销售。要建立市场机制帮助他们销售。我们村里还有蛛岭塔、烈士陵园，有可能打造成旅游产业。樟树下、龙下那里可以搞客栈住宿、垂钓。

中央说的脱贫，是看整个地区的经济，基础设施，农村的水、交通、动力、电力，生活的环境。并不是每一个地方一个贫困人口都没有。国家是8个指标，市里加了3个指标。现在所有的工作都是围绕督察、检查在做。贫困发生率不能超过2%，住房、饮水、通信、网络、电视、入户路、通主路，所有工作都是围绕这个工作在进行。必要的检查、填表是应该的，但有些个部门该自己做的也拿到村里来弄。督察、检查太多了。

贫困户里有懒汉，但不能说都是。有些嗜好酒，有些嗜好赌。40周岁左右的，有劳动能力的；也有长期在外打工但没有结婚的，赚多少钱就吃多少；还有离异的，本人发展不行，老婆不想和他一起生活。他们都是没有房子的，土坯房，所以是贫困户。懒汉类型的大概有6~7户。

我们这里主要是交通不好，虽然通了路，但弯弯曲曲，商人不愿意来投资。国道G220在2020年前会搞好。只有把交通搞好了，才可能富裕起来。交通不方便，商人就不愿意来。隔壁县，人口少，资源多，交通好，所以比我们富裕。

农村越来越个人化，现在根本没有空闲时间去搞这些娱乐活动，加上村部搬迁，老干部已经退休，没有新干部接替这些文娱组织活动，现在基本上没有什么集体活动了，蛛岭村在文化一块比较欠缺，百姓以个人生活为主，集体活动比较少。我们以前主要是老年艺术团下乡演出，还有放电影，丰富一下文化生活。不过，精神文明一块还是比较滞后，要从文化方面改变思想。我们有时候下到组里去开会，大家都来参加，觉得很稀奇。现在村里有能力的人都有自己的产业，不愿意当村干部。也不是说不愿意带着大家致富，不是所有的贫困户都符合用工标准。我们村里有的人还在种地，但有些人荒地了，可能有几十亩。

我的大部分时间在工作上。现在的村干部是全职，只有星期六，但老表不管你是否休息。老表要找你办事，就要办。我有为老表做事情的心情，为了百姓做事情，我觉得自己对得起我父亲、百姓。在这里，我从没有贪污，反正也贪污不到。我父亲是陡水镇的老书记，他觉得我要下基层才行。我现在对得起他。尽管有些工作是虚的，但至少我做了一些实质性的工作。原来的计划生育与收粮，政府要求村干部强制实施，造成百姓对干部的不信任，现在自扶贫政策开展以来，村干部尽心尽力为贫困户脱贫想尽办法，村民对我们干部的看法也逐渐有了改善。扶贫要实实在在地干，不是靠填表，要带着贫困户，真金白银地去脱贫。带着贫困户去脱贫就可以了。

附录二 江西省贫困农村精准扶贫现状与建议

　　随着精准扶贫工作力度的不断加强，贫困农村的脱贫工作成为我国扶贫工作的重中之重。为了能更好地评估和推进这项工作，中国社会科学院成立了"精准扶贫精准脱贫百村调研"国情调研特大项目，对我国 104 个贫困村的扶贫经验以及存在哪些需要改进的问题进行了深入调查研究。

　　作为其中一个子项目，本项目组主要聚焦于对江西省赣州市上犹县营前镇蛛岭村精准扶贫、精准脱贫的调研。针对该村的各项扶贫工作，项目组进行了不同人群和不同主题的随机问卷调查、深度访谈和焦点组座谈，并走访考察了扶贫车间、村民合作社、中小学等，重点评估了该村的产业扶贫、金融扶贫、教育扶贫、易地搬迁扶贫等工作。研究结果总结如下。

一　贫困农村精准扶贫成效

　　1. 贫困户的精准识别过程已实现公开化、民主化、程序化，故意漏 / 错报现象已基本消失

　　随着扶贫政策的清晰化、可操作化和系统化，贫困村里贫困户的精准识别过程已逐渐得到基层干部和广大村民的理解和认可，整个过程逐步公开化和民主化，经得起程序检验。家庭条件明确符合贫困标准的村民户均已纳入扶贫工作范围内。尤其是经过 2017 年上半年的"回头看"，前期不

符合规定的贫困户已基本清退，新增或由于各种原因符合条件但漏报的贫困家庭也基本纳入贫困户名单。调研显示，村里公认生活条件困难的家庭户均已纳入贫困户名单，故意漏/错报现象在政策引导、民众监督下已基本没有。

2. 兜底保障扶贫、医疗扶贫、产业扶贫，三者构成当前扶贫工作可持续化的基本框架

在众多扶贫政策中，由三类扶贫政策构成扶贫工作的基本框架。（1）对有生存困难者，采用兜底保障扶贫。当地对月人均收入低于305元的农村贫困人口实施了最低生活保障制度，对五保户老人采取集中/分散供养政策，使生存条件存在困难的家庭户得到了底线扶持。（2）对有生活健康问题者，采用医疗扶贫。江西省以赣州市为试点，推行"四道医疗保障线+补助"的政策，贫困患者自付医疗费比例不及总费用的10%，极大减少了因病致贫或因病返贫的比例。（3）对有生产困难者，采用产业扶贫。作为贫困村，本地原有的产业基础非常薄弱，能产生规模效应的产业基本没有。自产业扶贫政策实施以来，引入光伏发电产业，以村民合作社的形式推进光伏发电项目，村贫困户每年每户都能获得发电的固定收益。以发电材料有25年寿命为限，光伏发电产业预期可带给村贫困户25年的固定收益。此外，还通过资金奖励方式推动贫困户加强和扩大养殖业、种植业生产，逐渐培育贫困户的产业脱贫习惯。可以说，从生存、生活、生产等三方面入手，兜底保障扶贫、医疗扶贫、产业扶贫构成了当前扶贫工作可持续化的基本框架。

3. 精准扶贫改变了基层干部的工作方式，真正实现了由管理村民向服务村民的转变

能否贴近群众、及时了解群众的需求并切实做好群众服务工作，是近年来提升基层干部工作能力、改善干群关系的主要着力点。过去计划经济时代，基层干部的工作方式多以计划和命令群众为主。在调研中，项目组发现部分基层干部仍习惯于管理式的工作方式，不适应因农业税、独生子女等政策取消而带来的权力缺失，认为工作没有"抓手"。但精准扶贫工作的开展，为基层干部了解村民实际情况、尊重村民意愿、发动村民积极参与、密切关心村民动态等提出了切实的工作指导，各基层干部为适应工作要求在主动或被动地转变工作态度和工作作风，从管理村民向服务村民转变。在某种程度上，精准扶贫为构建新时代的基层干群关系奠定了良好基础。

二 贫困农村精准扶贫的难点

1. 金融扶贫存在很大的风险隐患，贫困村民的还贷意识弱、还贷能力差

为了提升贫困户自我脱贫的造血能力，当地政府实施产业扶贫信贷通政策，以政府提供保障金的形式，鼓励金融机构为扶贫对象发展产业提供各种信贷支持，由政府贴息三年。调研显示，此政策确实为部分贫困村民发展产业提供了资金支持，但存在很大金融风险。部分贫困户为了贷款而贷款，本身缺乏产业能力，没有明确的产业计划。

甚至有些贫困户贷款并未用于生产，而是用于建房或者消费。同时，有相当多的贫困户并未考虑还款问题，认为贷款是国家给的钱，缺乏还款意识。因此，借贷到期后无法如期偿还，甚至有不还的风险，亟须提早防范。

2. 教育扶贫中，物质扶贫远重于精神扶贫，扶智／志效果很不理想，"等、靠、要"脱贫思想有蔓延趋势

在反贫困研究中，阻断贫困文化、提高贫困户的抗逆力是可持续性脱贫的核心方式。通过教育的方式，从思想上改变贫困复制，是目前国家扶贫工作反复强调的重要举措。但调研发现，当地教育扶贫以资金支持为主，主要是给贫困家庭的学生、技能证书获得者提供各类住宿费或学费补贴，以及不定期地开展一些免费但效果甚微的技能培训，并没有就人生观、价值观、生活方式等开展文化性的教育扶贫。无论是学校教师、教育部门工作者，贫困户家庭本身，抑或社会组织，对教育扶贫的内涵尚不理解，未能予以足够重视，导致部分贫困户脱贫能力提升有限。尤其随着扶贫政策力度加大，"等、靠、要"的脱贫思想反而有蔓延趋势。

3. 随着扶贫政策逐步推进，存在前期扶贫工作与后期政策冲突的现实问题，并且基层干部忙于填表，工作实效和创新性有待提高

由于我国精准扶贫的相关政策处在逐步完善的过程中，不可避免会出现某些前期地方扶贫工作与后期扶贫政策相冲突的现实问题。比如，易地扶贫搬迁中，在"户均负债不能超过一万元"的硬性规定出台前，当地基层干部

对政策理解存在差异，没有严厉制止部分建档立卡贫困户自费负担超标面积以满足家庭需求的做法，基层政府后来只好采用政府回购超标房产的办法来暂时解决负债超万元的问题，导致整套房的所有权分裂，其归属和传承存在极大隐患。此外，由于不断下发的各类扶贫表格成为年终扶贫工作考核的重要指标，基层干部需花费大量时间去理解和填写这些表格，降低了工作效率，混淆了工作重点，难以提出面向本地需求的扶贫创新举措。

三 建议

1. 加强金融扶贫的风险防范，营造"借贷为生产、到期应还贷"的社会意识

由于存在人手有限、部分贫困户生产具有流动性等客观原因，基层金融机构难以有效评估贫困户的还贷能力、还贷意愿和实际生产情况。为此，建议地方政府和基层金融机构联合设立金融扶贫部门，合理制定金融扶贫任务量，评估当前金融扶贫的潜在风险并提出应对机制。同时，加强社会宣传，树立"借贷为生产、到期应还贷"的社会意识，督促贫困户的生产实现、提高其还贷意识，避免因"借贷不还"引发的社会不安定因素。

2. 树立扶志 / 智的典型并加强宣传和学习，让全社会都了解、重视并积极参与精神扶贫，从思想、意识和行为上阻断贫困文化的复制

扶贫先扶志 / 智，是目前精准扶贫工作中常被提及的

理念。但调研显示，教育扶贫该如何做，才能真正起到扶志／智的效果，大部分的基层干部、教育工作者、社会组织以及贫困人群本身并不清楚，因此也难以成为扶贫工作的重点。建议在全国精准扶贫工作中寻找扶志／智先进案例，加强宣传、组织学习，让社会各界都能了解并参考相关做法，结合各地实情，积极落实精神扶贫，阻断贫困文化的复制。

3. 精简相关的扶贫政策和表格，定期开展基层扶贫干部的能力培训，提高扶贫政策执行力和工作创新力

当前的基层扶贫工作中存在一些问题，有些是由政策衔接不到位、表格复杂且烦琐造成的，有些是由基层干部本身理解能力欠缺、工作不贴近群众、符合本土的创新性不足造成的。为此，建议梳理并精简各级与扶贫相关的政策和表格，督促基层干部把工作重心放到扶贫工作上。同时，加强基层扶贫干部的能力培训，优胜劣汰，奖励与惩处并行，促使他们积极主动地提升政策执行力和工作创新力。

（2018 年）

附录三　精准扶贫推动农村党群干群关系的再造

　　精准扶贫是我国正在开展的一项由政府主导推进的反贫困事业。与以往粗放式扶贫不同，精准扶贫明确提出了"扶贫对象精准、措施到户精准、项目安排精准、资金使用精准、因村派人精准、脱贫成效精准"，对扶贫的实施主体、实施方式、成效评估等做了严格明确的制度规定。理论上，这些规定能让扶贫对象在人力资本、家庭物质、社会福利等方面获得基础性改善，更对参与扶贫的基层干部的工作理念和工作方式产生积极影响，最终将极大提升基层农村的党群干群关系。那么，在精准扶贫的实际操作过程中，农村基层的党群干群关系是否受到影响，发生了什么样的变化，成为评估精准扶贫实施成效能否持续推进的重要议题。

一　精准扶贫对农村党群干群关系提出新要求

　　我国行政村的组织机构包括村支部（村中国共产党员支部委员会）和村委会（村民自治委员会）两类组织，简称村"两委"。尽管它们都不是国家单位，但主要的工作职责之一是传达贯彻党的路线方针政策和国家的法律法规，研究落实上级党委、政府布置的具体工作，村"两委"的成员也因此被俗称为村干部。

　　在过去，无论是村干部本身还是农村群众，不仅都认同村"两委"代理的政府职能，在某种程度上还把村"两委"视同最基层的政府组织。村"两委"常被误认为具有行政执法权。尤其在实行农业税等期间，村"两委"以农业税等为工作"抓手"，通过管控来推进村里各项公共事务的开展。虚拟化的行政执法权力被放大，导致村干部和村民们在工作互动中形成权力不对等、管理与被管理的干群关系。广大村民在村里公共事务的处理中缺乏主动参与和主张权利的意识，表现为顺从地接受或斯科特所说的日常抗争。很多农村干部由此习得并形成了强制管理加严格控制的工作方式。这种工作方式，在特定时期完成了特定的工作任务，对农村社会建设发挥过重要作用。但随着经济社会的发展，党和政府不断强调以人为本、服务为先的执政理念，很多农村干部的工作方式转变缓慢，难以跟上新时代的要求。

按照布迪厄的场域理论和惯习理论，行动是由关于在社会世界中如何运作的"实践感"所控制的。通过个人社会化而逐渐内化的社会结构是一种场域，它将影响人的行动并使之形成一种行为倾向，短期内难以改变。也就是说，在历史环境中农村干部和群众形成了特有的行为方式，成为一种惯习，具有很强的延续性。这种惯习的改变，需要强有力的社会新元素不断解构并建构他们的生活世界（即场域），为其行动持续提供明确的强力指导。

精准扶贫事业恰恰对新时代的农村党群干群关系提出了新要求，为村干部和村民们的行为转变提供了精准的、持续的推动力。由于精准扶贫严格执行脱贫攻坚一把手负责制，由省、市、县、乡、村五级书记一起抓，形成层层落实责任制的治理格局，由侧重考核地区生产总值向主要考核脱贫成效转变，围绕"六个精准"提出了一系列具有很强"实践感"的规则和要求。其中，扶贫对象对脱贫成效的评估成为脱贫考核的重要指标，而能否赢得扶贫对象的满意评估取决于各干部是否真正服务了扶贫对象。这为农村干部转变工作方式提供了极强的内在动力和明确的行动指导，也激发了广大群众（尤其是贫困户）的权利意识，为其主张权利提供了平台。

二 精准扶贫下的农村党群干群关系有新变化

农村干部过度使用权力的现象逐渐减少。纵观农村公共事务的运行历史，农村干部发挥了重要作用，但常在工作中过度使用权力，农村群众对基层干部的信任度亟待提高。精准扶贫为村干部提出了明确的工作范围和方式，通过有效核实、回头看、因地制宜、一人一策、第三方评估等方式，为村干部的扶贫工作提供了具体的参照标准和自查机制，过度使用权力的现象有效减少，干群双方的沟通机制趋向畅通和平等化。

农村群众主张权利的意识在逐渐增强。受历史因素和社会环境的影响，乡土社会中的干群关系嵌入宗族结构、父系权威和公私权力不分之中，农村群众并不清楚自身拥有哪些权利，更缺乏主张自我权利的意识和能力。在精准扶贫背景下，广大基层群众通过新闻媒体、干部帮扶、村务公示、村民大会等多种途径知晓了各项利民政策，更对精准扶贫传达出的以民为本、为民服务的执政信念深以为然。精准扶贫为广大村民提供了一个平台，无论是贫困户还是非贫困户，都有了更强的权利意识和自我主张能力。

农村群众参与公共事务的主体性意识逐渐凸显。作为我国最基层的行政单位，农村具有非常繁复的公共事务，村"两委"的人力、物力和财力有限，处理起来难免出现纰漏，引致不必要的党群干群矛盾。精准扶贫增强了广大村民的权利意识和增权能力，更是提升了他们主动参与乡村建设的主体性意识，扶贫对象的核定、扶贫效果的评估等环节极大增加了村民们参与村民代表大会、村小组会议、党员代表大会的机会。集思广益，推动村务处理程序和处理效果不断完善。这些变化为和谐稳定的农村党群干群关系提供了更为坚实的基础。

三 推进农村党群干群关系的难点和改进方向

新时代下，精准扶贫对党群干群关系提出了明确有力的要求。客观而言，要达到这些要求是一个逐步实现、稳步推进的过程。作为场域的一个面向，社会结构具有很强的黏连性，存在一些制约党群干群关系发展的难点，有些是过去遗留的难点，有些是新时代的新问题。目前来说，需要重点解决以下三方面问题，以推动农村党群干群关系的和谐发展。

简化扶贫程序，狠抓扶贫实效。扶贫事业能否获得农村群众的满意评估，取决于各项利民措施能否落到实处。目前，各项扶贫政策在向基层传递的过程中都会出现层层加码的现象，导致扶贫干部需要参加各种相关会议、学习各类相关文件，同时还需要填写各类统计表格、线上系统，这不仅考验扶贫干部的理解力和学习力，更是耗费了扶贫干部大量的时间和精力，偏离了提高扶贫实效的工作重点。为此，建议研发扶贫开发与评估大系统，以狠抓扶贫实效为目标，重新分析、清查并简化各级扶贫程序，减少重复无效的会议、文件和表格，督促村干部把工作落到实处，真正提高农村群众的获得感。

培育干部创新能力，建立容错和奖励机制。在扶贫创新上，一些干部由于能力不足而盲目创新或创新无效，引致部分农民群众对扶贫事业和扶贫干部有所疑义。同时，由于精准扶贫对扶贫成效的有效性设立了多方在场证明的现场审核制度，部分村干部担心工作出错而出现积极忙碌却成效不明显、不敢创新的"懒政"行为。建议在强调成果有效性审核的同时，要建立干部创新能力的培育和辅导制度，对某种程度范围内的工作失误提供容错机制，并对成效显著的扶贫给予扶贫干部和扶贫对象的双方奖励制度。

关注政策的平衡性，不夸大但要防止"等、靠、要""吵闹要"思想的蔓延，兼顾权利和义务。随着脱贫攻坚任务加速，扶贫对象得到的各种权利也更为丰富，但引发的两类情况需要警惕。一是，因违背计划生育政策而严重超生或罚款所致贫的家庭户在扶贫中也获得了扶贫资助，导致支持生育政策的非贫困户对扶贫干部甚至扶贫政策有不满情绪。因此，建议关注并合理研判计生政策的延续性与扶贫政策的平衡性。二是，扶贫政策主要强调脱贫权利但甚少提及相应义务，导致"等、靠、要"思想出现，部分贫困户对扶贫干部的工作付出和自身得到的各项权利视为理所当然，缺乏自我脱贫和回馈社会的意识。尽管这部分人群占比并不大，但造成"争当贫困户"、去村委"吵闹要"的负面示范效应，而且此类思想有蔓延趋势。为此，建议扶贫政策要兼顾权利和义务，既要积极推动贫困户实现脱贫的各项权利，也需约定力所能及的社会服务义务，形成更为理性和谐的农村党群干群关系，助力新时代下的脱贫攻坚和乡村振兴计划。

（2018 年）

参考文献

〔德〕马克思：《资本论》（第 1 卷、第 3 卷），人民出版社，1975。

〔印度〕阿马蒂亚·森：《贫困与饥荒》，王宇、王文玉译，商务印书馆，2001。

蔡昉、都阳：《迁移的双重动因及其政策含义——检验相对贫困假说》，《中国人口科学》2002 年第 4 期。

蔡昉：《中国流动人口问题》，河南人民出版社，2000。

邓维杰：《精准扶贫的难点、对策和路径选择》，《农村经济》2014 年第 6 期。

国家发展和改革委社会发展研究所课题组：《慈利县农村劳动力转移就业情况调查》，《中国人力资源开发》2013 年第 1 期。

李利平：《社会体制改革与社会治理创新的观点综述》，《中国机构改革与管理》2015 年第 1 期。

李培林等主编《2020 年中国社会形势分析与预测》，社会科学文献出版社，2019。

李友梅：《关于社会体制基本问题的若干思考》，《探索与争鸣》2008 年第 8 期。

陆益龙：《后乡土中国》，商务印书馆，2017。

王春光:《社会治理视角下的农村开发扶贫问题研究》,《中共福建省委党校学报》2015年第3期。

王春光等:《迈向社会治理的基层实践》,经济管理出版社,2017。

王晓毅:《社会治理与精准扶贫》,《贵州民族大学学报》(哲学社会科学版)2017年第1期。

徐勇:《村干部的双重角色:代理人与当家人》,《二十一世纪》(网络版)2002年第7期。

游俊、冷志明、丁建军主编《中国连片特困区发展报告(2016~2017)》,社会科学文献出版社,2017。

于立、姜春海:《中国乡镇企业吸纳劳动就业的实证分析》,《管理世界》2003年第3期。

俞可平:《论国家治理现代化》,社会科学文献出版社,2014。

张建明主编《中国人民大学社会发展研究报告2016——精准扶贫的战略任务与治理实践》,中国人民大学出版社,2017。

张翼主编《当代中国社会结构变迁与社会治理》,经济管理出版社,2016。

Stark O, Taylor J. E., "Relative Deprivation and International Migration", *Demography*, 1989, 26, 1 (1989):pp. 1-14.

Ted K. Bradshaw, "Theories of Poverty and Anti-Poverty Programs in Community Development", *Community Development*, 38,1 (2007):pp.7-25.

后 记

作为革命老区贫困县的一个贫困村，蛛岭村的脱贫实践与上犹县的脱贫实践密不可分。回溯历史，可以将上犹县的贫困原因归纳为三方面：一是劳动力与生产要素的整合效用偏低；二是受周边区域经济的发展格局限制；三是发展理念与资源禀赋的非结构性矛盾。三者共同作用，导致上犹县陷入贫困。而蛛岭村嵌入上犹县的贫困背景里，再叠加上自身的一些贫困原因，其脱贫之路极为不易。本书试着从贫困治理需要的基础性动因（社会结构因素、劳动力因素、产业因素）去剖析蛛岭村的脱贫之路，通过大量的描述性事实呈现上犹县及蛛岭村的扶贫实践。在这个实践的图像里，有传统和创新，有冲突和协同，有不足和成绩。

作为上犹县的定点帮扶单位，中国社会科学院除了适当地给予物资支持外，还连续多年选调了科研人员参与当地的精准脱贫实践，发挥自身的人才优势，为上犹县、蛛岭村的精准扶贫加入了智力扶贫。选调人员以做科研的态度和方法，全力投入当地的脱贫之路。当我们课题组进入上犹县、蛛岭村调研时，常能听见对他们的积极评价。在他们协助下完成的光伏产业，成为蛛岭村的产业扶贫创新，也成为上犹县的创新示范，具有典型意义和可推广性。

本课题组于 2017~2018 年先后多次赴江西省赣州市上犹县及蛛岭村开展精准扶贫精准脱贫的调研，得到了上犹县委、上犹县人民政府的大力支持和帮助。特别感谢县委书记赖晓岚，通过对她的访谈，课题组对她干练严谨、一心为上犹的工作作风印象深刻，也对上犹县脱贫工作现状和发展规划有了较为清晰的认识。感谢县委办主任张慧、县扶贫办原主任刘小慧、县委秘书钟置水、县委司机小郭，感谢营前镇党委书记冯定春、营前镇镇长尹津、营前镇党委副书记温晓宁、营前镇副镇长邹能桂、营前镇综治办专职副主任廖路华，通过与他们的深入交流，课题组对营前镇和蛛岭村的精准扶贫精准脱贫工作有了更全面的了解，对当地的贫困治理架构有了更感性的认识，并且感谢他们全力协助各项座谈会、尽力提供课题组所需的各项资料，为本书提供了非常翔实的分析数据资料。

特别感谢先后在上犹县挂职副县长的中国社会科学院俄罗斯东欧中亚研究所杨进副研究员、中国社会科学院服务局刘红雨老师以及当时正在上犹县进行扶贫调研考察的中国社会科学院扶贫办钟代胜主任，有了他们的鼎力相助，课题组非常顺利地进入调研点，并且通过对他们的访谈得到了更丰富的研究视角。

衷心感谢蛛岭村村委书记陈源健等村干部，感谢接受访问的村民代表、营前中学的老师、淘宝店主、光伏店主、扶贫车间厂长、制衣作坊小老板、制衣女工等，以及接受调查的 63 位村民。感谢这些老表付出宝贵的时间，热情接纳了课题组的到访，对每一个提问都认真回答，课题组得以进行详细的案例描述和数据分析。

这本书的完成还要特别感谢课题组成员的大力协助，没有他们，我个人很难完成所有资料的收集、整理和分析工作，尤其本书"社会治理"部分由周红艳协助完成，"劳动力转移就业"部分由毕林协助完成，"产业扶贫"部分由贾聪协助完成，入户调查数据的部分分析由张宾协助完成。由于上犹县、蛛岭村的脱贫实践如火如荼，这本书成稿过程中可能会有相关数据或资料未能及时更新，如有读者发现不妥之处，烦请联系我更正：zouyc@cass.org.cn。

最后想说的是，通过这次课题调研，课题组的所有成员切身领会到把学问做在祖国大地上的真正含义，也深刻感受到若每个人都能把自己的所长与国家的发展、民众的需求紧密相连，无论能力大小，都能汇成滔滔力量，让我们的国家稳步向前、不惧风浪。

邹宇春

2020 年 8 月

后记

图书在版编目 (CIP) 数据

精准扶贫精准脱贫百村调研. 蛛岭村卷："三驾马车"引领脱贫 / 邹宇春著. -- 北京：社会科学文献出版社, 2020.10

　　ISBN 978-7-5201-7528-9

　　Ⅰ. ①精… 　Ⅱ. ①邹… 　Ⅲ. ①农村-扶贫-调查报告-上饶县 　Ⅳ. ①F323.8

中国版本图书馆CIP数据核字（2020）第209275号

·精准扶贫精准脱贫百村调研丛书·

精准扶贫精准脱贫百村调研·蛛岭村卷
——"三驾马车"引领脱贫

著　　者 / 邹宇春

出 版 人 / 谢寿光
组稿编辑 / 邓泳红
责任编辑 / 陈　颖

出　　版 / 社会科学文献出版社·皮书出版分社（010）59367127
　　　　　　地址：北京市北三环中路甲29号院华龙大厦　邮编：100029
　　　　　　网址：www.ssap.com.cn
发　　行 / 市场营销中心（010）59367081　59367083
印　　装 / 三河市东方印刷有限公司

规　　格 / 开　本：787mm×1092mm　1/16
　　　　　　印　张：12.75　字　数：123千字
版　　次 / 2020年10月第1版　2020年10月第1次印刷
书　　号 / ISBN 978-7-5201-7528-9
定　　价 / 59.00元

本书如有印装质量问题，请与读者服务中心（010-59367028）联系